봉인된 시간

이창동, 혹은 반시대적 고찰

n/a**봉인된 시간** 이창동, 혹은 반시대적 고찰

초판인쇄 2020년 11월 30일 **초판발행** 2020년 12월 10일

글쓴이 신철하 **펴낸이** 박성모 **펴낸곳** 소명출판 **출판등록** 제13-522호

주소 서울시 서초구 서초중앙로6길 15, 2층

전화 02-585-7840 **팩스** 02-585-7848

전자우편 somyungbooks@daum.net **홈페이지** www.somyong.co.kr

값 11,000원

ISBN 979-11-5905-566-9 03680

ⓒ 신철하, 2020

봉인된 시간

이창동, 혹은 반시대적 고찰

신철하 지음

소명출판

빠쵬킨은 거의 정기적으로 제발되어 때로는 좀 길게 때로는 좀 짧게 계속되는 우울증을 앓았다. 이 이야기를 뒤덮고 있는 수수께끼는 (그대로) 카프카의 수수께끼이다. 카프카의 세계에서 아름다움은 전혀 사람들 눈에 잘 띄지 않는 숨겨진 곳에서만 나타나고 있다. 독특한 카프카적 인물이라고 할 수 있는 그들에게서 아름다움이 나타나도록 하는 것은 바로 그러한 무희망성인지도 모른다.

발터 벤야민

소진된 인간은 피로한 인간을 훨씬 넘어선다. 피로한 인간은 단지 실현을 소진했을 뿐이다. 반면 소진된 인간은 모든 가능한 것을 소진한 자이다. 피로한 인간은 더 이상 실현할 수 없다. 그러나 소진된 인간은 더 이상 가능하게 할 수 없다. 철두철미한 스피노자주의. 그는 가능한 것에서 실현되지 않은 것을 소진한다. 모든 피로 너머에서, "결국 다시 한번" 가능한 것과 끝장을 본다.

질 들뢰즈

시네마하우스에서 한철을 탕진했다. 개똥쥐빠귀가 앞산을
돌아 길게 포물선을 그리며 집 앞 대추나무에 내려앉았다.
회귀할 때가 되었다. 멀리서 한국영화의 한 센세이션('봉준
호') 소식이 있었고, 역병이 창궐하는 동안 소년과 노인들은
밀실로 자취를 감췄다. 광장은 적막했고 소녀들은 풍문을
좇아 대처로 떠난 후 어떤 소식도 전해오지 않았다. 그해 감
꽃은 피다 시들었다. 북극의 얼음은 이제 임계점을 넘어 지
구의 종말을 돌이킬 수 없는 사실로 받아들이게 했지만, 강
인하고 거친 목소리를 지닌 자들이 수상한 깃발을 들고 나타
나 그것을 기도로 되돌릴 수 있다고 선동했다. 한 정직한 카
메라가 툰베리의 눈물을 오랫동안 응시했다. 그리고 이 땅
에는 침묵의 봄이 지나가고 인내를 넘어서는 장마가 길게 지
속되었다. 지구 반대편에서 부고가 시나브로 전파를 타고
날아왔다.

　　영화가 여전히 우리의 삶을 증언하며, 저 가련한 시대
정신을 감싸 안고 한 발짝 더 나아갈 수 있을까. 한국영화는

'센세이션' 저편에서 지금 신음의 비명소리로 아우성이다. 이 아이러니는 사실이다. 우리는 '잔여적 식민지'의 다른 형식인 포스트분단체제의 완강한 프레임 속에 거의 압사 상태로 짓눌려 있다. 이창동의 어떤 시네마 이미지에서 괴물이 되어가는 청년은 이 미적 레짐에 뛰어들어 균열을 내고 마침내 산화한다. 살아남은 자들은 분열을 앓거나 유령이 됨으로써, 생존 자체를 무로 되돌린다. 더 깊이 침잠하는 (허)무의 심연이 거기 있다.

　내가 이창동에게 말할 수 있는 것은 사실 거의 없다. 역설적이지만, 그 지점에서 이 글은 시작된다. 죽어가고 있거나 거의 방치된 그의 '뿔랑'(들)에 다른 생명의 표찰을 달아주고 싶은 사소한 욕망이 있었다. 욕망은 그러나 '텅 빈 충만'으로 대변되는 무(위)를 향한 운동이다. 무(위)의 심연으로 더 깊이 침잠해가려는 욕망으로 들끓고 있는 '운동—이미지'와 마주할 때, 그의 시네마는 겨우 한 발짝 더 나아갈 수 있을지 모르기 때문에……

경자년 상강

불암 우거

신철하

차례

시대의 우울

우리가
이창동을 빌어
말해보고 싶은
두세 가지 것들

내겐 천년을 산 것보다 더 많은 추억이 있다.

계산서들, 시의 원고와 연애편지, 소송서류, 연가들,
영수증에 돌돌 말린 무거운 머리타래로
가득 찬 서랍 달린 장롱도
내 서글픈 두뇌만큼 비밀을 감추지 못하리.
그것은 피라미드, 거대한 지하 매장소,
공동묘지보다 더 많은 시체를 간직하고 있는 곳,
─나는 달빛마저 싫어하는 공동묘지.
거기 줄을 이은 구더기들은 회한처럼 우글거리며,
내 소중한 시체를 향해 언제나 악착같이 달라붙는다.
나는 또한 시든 장미꽃 가득한 오래된 규방,
거기 유행 지난 온갖 것들 널려 있고,
탄식하는 파스텔 그림들과 빛바랜 부셰의 그림들만
마개 빠진 향수병 냄새를 맡고 있다.

눈 많이 내리는 해들의 무거운 눈송이 아래
우울한 무관심의 결과인 권태가
불멸의 크기로까지 커질 때,
절뚝이며 가는 날들에 비길 지루한 것이 세상에 있으랴.
─이제부터 너는, 오, 살아있는 물질이여!
안개 낀 사하라 복판에 졸며
막연한 공포에 싸인 화강암에 지나지 않으리;
무심한 세상 사람들에게 잊혀지고 지도에도 버림받아,
그 사나운 울분을 석양빛에서만
노래하는 늙은 스핑크스에 지나지 않으리.

샤를 피에르 보들레르

암전

어떤 소실점을 향해 달려가는 듯, 기차를 탄 청년 '막동'의 푸른 청춘에는 우울이 살짝 묻어 있다. 그는 이제 개발도시의 변두리 도시 빈민인 가족을 부양해야 하는 무거운 과제가 기다리고 있다. 그것은 그가 군대로부터 막 이탈(제대)해 기차에 몸을 실었다는 달뜬 환희 때문에 반감된 상태다. 더구나 그는 꿈속에서도 불가능할 것 같던 어디서 날아온 미인의 부드러운 실크스카프가 뱀처럼 목을 감고 스치는 이상한 감미로움을 경험하는 순간이다. 돌이켜보면 그 순간의 절정이 화근이었다. 그것이 꽃뱀의 유혹일지도 모른다는 것을 직감했어야 했다. 모든 비극의 원천에는 이브의 유혹이 있었다. 아니다. 막동의 운명이 이미 비극을 잉태하고 있을지도 모른다는 점에서 그것은 결과의 원인 이상이 아닐 가능성이 농후하다. 면밀하게 들여다보면 막동의 비극은 구조적인 것이다. 시대의 비극이 그의 영화에는 땟국물처럼 덕지덕지 묻어 있다. 화인처럼 스며든 얼룩을 지우기 위해 무진 애를 쓰던 청춘들은 그가 시간의 매듭으로 깔아 놓은 긴 레일 위를 따라 다시는 돌아오지 못할 먼 길을 떠났다. 이창동의 영화가 즐겨 사용하는 레일에는 둔중한 기차의 몸을 싣고 어디론가 떠나기 위한 여행자의 부풀어 오른 마음을 마중하는 과정이 없다. 막동의 삶을 비극으로 봉합하게 한 모티브가 되었던 푸른 열차는 들꽃을 사랑하는 한 청년의 눈물 한 방울을 응시하게 한 1979년 봄날의 기억으로부터, 그가 자신의 운명을 끝내기로 작정한 1999년 봄 어느 야유회에 그 자리로 회귀하는 공간적 순환의 그것으로 이동해 있다. 그리고 암전으로부터 긴 터널을 빠져나오는 기억의 시간이 있다. 곡우 지난 어느 봄날 복사꽃이 새털처럼 우수수 날리는 그 길을 따라 막동의 근친 '영호'는 "나 다시 돌아갈래!"라고 외마디 비명처럼 절규하며 산화했다. 그 이미지는 어느 소싯적 봄날 동이 틀 때 즈음하여 길게 울리곤 하던 매포에서 단양으로 향하는 기적 소리의 환청과 한 치의 오차도 없이 공명한다. 나는 몸서리를 친다.

이창동 영화에 반복되고 있는 암전은 상투성을 넘어 그의 은밀한 비밀의 화원으로 들어갈 수 있는 열쇠 구멍의 기능을 한다. 거의 모든 열쇠 구멍에는 관음증을 넘어서는 틈의 생명이 호흡하는 소리가 들린다. 그것은 보는 것이 아니라 사실은 미세한 떨림으로 다가오는 환청 비슷한 소리이다. 그런데 그것은 그가 즐겨 구사하는 '비극적 황홀'의 영화적 오브제를 위한 덫이다. 이창동의 시네마에서 암전이 영화적 기표로 사용됨으로써 강렬한 이미지를 남기게 된 것은 〈박하사탕〉이다. 암전은 '영호'의 삶을 7개의 칸막이로 구획함으로써, 그것이 80년대의 비극과 어떻게 만날 수 있는지를 소환한다. 그는 어느 야학 모임의 봄 소풍에서 박하사탕처럼 순백한 처자 '영임'을 만났고, 그녀에게 들꽃을 찍는 것이 그의 유일한 소망이라고 '고백'함으로써, 그녀뿐만 아니라 그의 생에서 가장 아름다운 청춘의 기억으로 이미지화된다. 이미지는 물질의 기억이다. 영호의 이미지는 80년대라는 거대한 비극의 벽화와는 너무 대조적이어서 오히려 슬픈 아름다움으로만 유효하다. 순임에게 한 그의 고백은 들꽃을 찍겠다던 카메라를 매개로 순임에게 깊이 각인된다. 영호가 입대하여 얄궂은 운명처럼 '광주민중봉기'를 제압하기 위해 투입될 때 그를 지탱하게 한 끈은 순임이 보낸 편지와 박하사탕이다. 그의 비극은 광주의 비극과 일치한다. 동료 군바리의 군홧발에 짓밟혀 산산조각 난 박하사탕과 함께 영호와 순임의 (박하사탕처럼 순백으로 채색되었던) 아름다운 약속은 끝난 것이나 마찬가지다. 그렇기 때문에 영호가 괴물이 되어가는 시간과 약속된 사랑의 기억은 반비례하는 시간으로 프레임된다. 영화는 그것을 무채색의 암전의 이미지로 꼴라주한다. 이미지 컷으로 분절된 아름다운 봄날들에는 모두 슬픔이 가득하다. 레일을 배경으로 난분분하게 날리는 복사꽃, 재잘거리며 어디론가 뛰어가는 아이들, 오지 않는 열차를 하염없이 기다리는 적막한 어떤 역의 풍경(들)에는 영호가 그의 푸른 청춘을 싣고 대처로 떠났을 기억의 시간들이 굴비 두릅처럼 즐비하게 매달려 있다. 그리고 영호는 마침내 그가 처음 떠났던 자리로 돌아온다. 떠나간 모든 것들은 다시 돌아온다. 영호가 다시 돌아오기까지 걸린 20년의 시간은 그러나 깨어진 약속과 날것으로 대면하는 비극의 시간이다. 순임과의 약속을 스스로 작파한 이후 영호가 보인 광기와 삶의 삽화는 분단체제가 안고 있는 비극 그 자체로 봐도 거의 무방하다. 아니 더 정확하게 말하면 분단체제에 기생해서 강력한 카르텔을 형성한 분단자본주의의 음습한 민낯과 크게 다르지 않다. 경찰이 된 그가 오물 냄새가 나는 손으로 순임과 대면한 골목 주막집에서 그 집 딸의 허벅지를 더듬는 장면으로부터, 가구점 사장으로 변신하여 부인의 일탈을 형사처럼 추적하지만 역설적으로 그 자신 여직원과 깊은 외도관계에

16

있으며, 과거 고문하던 학생과 우연히 대면한 음식점에서 비아냥하듯 아직도 '인생은 아름다운가'라고 이죽거리는 표정은 시대의 악마 이상으로 혐오스럽기까지 하다. 그의 악마성은 죽음 직전에 면회한 병원에서 순임이 보여준 눈물 한 방울과 정확하게 대조되고 있는데, 그는 순임이 마지막까지 간직하고 있던 (풀꽃을 찍겠다던) 약속의 매개인 카메라를 그녀의 남편으로부터 받아 필름을 햇빛에 노출시킨 후 전당포에 잡히고, 그 돈으로 배를 채우기 위해 우유와 빵을 산다. 오오! 이 시대가 만든 괴물의 모습에서 우리는 말로 형용할 수 없는 감정의 파노라마를 내면화한다. 그러니까 그것은 정확하게 캄캄한 동굴의 소실점으로부터 시작한 영화가 다시 암전으로 가기 위한 마지막 퍼포먼스가 되는 것이다. 그 퍼포먼스의 끝에 근친 '종수'가 있다. 종수는 그런 면에서 포스트 분단체제의 현재형이다. 괴물로 진화한 영호의 현재적 페르조나를 우리는 종수에게서 확인한다.

〈버닝〉은 현 단계 포스트분단체제와 그에 기생하여 번식한 분단자본주의에 대한 시대정신을 가장 격렬하게 증언하고 있는 필름이다. 두 번째 암전 전후 엔딩시퀀스에서 종수는 그동안 그가 튀기 벤에게 누적해왔던 시기, 질투, 불안,

초조, 분노와 강박을 그의 주체적 의지로 강렬하게 표현한다. 그렇다는 점에서 그의 퍼포먼스는 '해미'의 헝거춤과 동일한 위계에 있다. 그의 짧은 생을 망친 원인이 되었던 아버지의 분노조절장애는 고스란히 다시 그의 몫이 되어 자신에게 돌아온다. 그는 그의 부친이 창고 캐비닛에 깊이 간직하고 있던 칼들 중 하나로 벤을 향해 돌진한다. 그가 비수를 필사적으로 거부하는 튀기 벤의 심장에 두 번이나 꽂아 넣은 후 그와 관계된 모든 것을 불태우는 시퀀스에서, 카메라는 실오라기 하나 걸치지 않은 종수의 신체를 완전하게 포획한다. 거기서 그의 삶은 마침내 완전한 끝을 향해 있다. 어쿠스틱 리듬이 미명의 들판을 가득 채우며 암전을 향해 간다. 두 번째 '탈영토화'를 실현하는 순간인 것이다. 우리는 그러나 이 암전의 앞에 해미의 헝거 댄스를 위한 또 하나의 암전이 있었음을 기억해야 한다.

영화는 첫 번째 암전의 앞에 이 영화가 보여주고자 하는 애매성의 최상위 이미지를 통해 드러나지 않는 힘의 잠재태로서의 아펙투스의 한 양태를 관능적으로 표현한다. 해미의 엑스터시 춤은 그녀가 곱창집에서 이미 시사했던 그녀의 사라짐을 위한 해원의 살풀이와 등가이다. 그리고 그것

봉인된 시간

은 그녀와 에로스적 긴장 관계에 있는 종수의 엑스터시를 예고하는 엔트로피의 팽창을 은유한다. 암전과 함께 등장하는 한 파편적 이미지에서 카메라는 불타고 있는 비닐하우스를 향해 웃통을 벗고 다가가고 있는 7살 소년 종수를 클로즈업한다. 그것은 타고 있는 불길의 크기와 함께 무표정의 얼굴로부터 어떤 환희로 이어지는 짧은 시간의 변주를 담고 있다. 스피노자에게 감정은 느낌이나 그 속에 담긴 사유의 질을 표현하기 위한 리비도의 외화된 활동이다. 갑자기 기입된 불타는 비닐하우스 숏에서 카메라가 소년의 얼굴을 클로즈업할 때 관객은 순간의 추상에 몰입된다. '얼굴성visagéité'으로 특징되는 클로즈업은 정동–이미지image-affection를 구성하는 핵심 요소 중 하나다. '부동화된 신경판위에서 일어나는 일련의 미세한 움직임'들을 카메라는 얼굴 클로즈업을 통해 정확하게 포획한다. 그러나 영화에서 클로즈업의 더 근원적인 이유는 사실 우리가 바라보는 화면 이미지의 모든 것을 소거하는 차원의 질적 도약, 즉 '운동의 돌연변이'를 위한 것이다. '미소짓는 고양이로부터 미소를 추상하는' 것처럼 클로즈업은 내적인 경험이 어떤 추상으로 귀결되는 과정을 통해 감정의 힘 혹은 그 질에서 나오는 신체의 표정의 변이/

변용을 궁극적으로 포획한다. 애매성이 극대화된 한 형태로서의 해미의 춤은 그녀의 응축된 감정의 변화가 이끌어낸 신체의 활동을 통해 영화 전체의 질적 전환을 향한 변곡점을 만들어낸다. 모호성을 증폭시키는 매개가 그것이다. 그런데 그 활동은 감독이 기계적으로 장치한 박명으로 인해 일차적으로 독자(관객)의 추상으로만 잔존한다. 이 모호한 영역의 경계를 완성함으로써 영화는 해미의 결핍으로 완성한 환유적 욕망을 모호성이 산재한 미완의 형태로 봉합하게 되는 것이다. 그러니까 두 개의 암전은 정동-이미지가 리트머스화하여 영화적 완성을 향해 나아가는 지배소로 기능한다. 영화 전체의 흐름에서 해미의 의미의 완성(사라짐)은 그래서 끝이 아니라 다시 처음으로 회항하는 모호성을 잉태하게 되는데 이 영화가 지닌 미적 차별성이 있다. 해미의 사라짐은 종수의 결핍 욕망을 전면적으로 자극한다. 자극의 강도가 커지면 그러할수록 부재하는 해미에 대한 종수의 집착 강도 역시 폭증하게 된다. 우리는 종수의 감정 근육이 변이하여 신체로 표현되는 절정에 암전이 있음을 주목해야 한다. 그것이 이 영화를 영화답게 보는 키포인트이기 때문이다.

비극적 황홀

"아아, 나는 비참한 상태가 되어서야 제대로 알게 되었구나! 그때, 진정 그때"라고[1] 독백처럼 절규하는 '크레온'의 나약한 연민의 감정은 그대로 우리의 그것이다. 오이디푸스의 뒤를 이어 테베의 왕이 된 그가 강력한 국가의 법을 빙자해 안티고네를 죽음에 이르게 했다고 믿기지 않을 만큼 극의 결말에 이르러 '아아, 불행한 내가 또 다른 두 번째 재앙을 맞는구나. 대체 어떤, 어떤 운명이 아직 나를 기다리고 있는 것이냐?'라고 탄식하는 장면에서 우리는 인간의 근원적 한계를 생각하게 된다. 소포클레스를 읽는 것은 단 하나의 이유로 수렴 가능하다. 신탁이 지배하는 세계에서 '오이디푸스'가 자신의 눈을 찌르고 코로누스를 향해 긴 방황의 길로 들어서는 결단은 인간이 취할 수 있는 가장 극적인 연민의 시간으로 기억된다. 어떻게 그는 신탁의 계시에서 벗어나 스스로 자신의 운명으로 물길을 돌리고자 했을까. '비극적 황홀'이 그의 운명 앞에 있다. 이 명제는 모든 비극을 지배하는 주제어가 되고 있다. 그러나 그 판단에는 너무 건조한 미적 인식이 노출되어 있다. 오이디푸스의 비극적 시간 속에는 신탁의 계시가 거대한 운명처럼, 누구도 빠져나올 수 없는 묵시적 정언으로 존재한다. 흡사 그것은 선험적인 것처럼 보인다. 우리의 삶이 어떤 점괘에 드러난 얄궂은 운명의 패처럼 보이지 않는 힘에 지배당하고 있다는 공포는 여전히 계속되는 풀리지 않는 숙제이다. 그런 면에서 '라이오스 왕은 자기 아들에게 죽임을 당한다'는 신탁의 금기를 거역한 대가로 태어났다는 점에서, 오이디푸스는 이미 근원적으로 '문제적 인물problematic hero'이 될 수밖에 없었다고 할 수 있다.

극의 전개 과정에서 오이디푸스는 탁월한 지략으로 도저히 이길 수 없을 것 같은 스핑크스와 지혜의 대결에서 승리를 쟁취함으로써 테베의 난제를 간단하게 해결한다. 영웅이 된 오이디푸스는 그 결과 테베의 왕이 되는데, 이상한 역병이 돌자 그의 처남이자 후일 왕이 되는 크레온이 신탁을 제시하며 그 원인이 선왕 라이오스를 살해한 일로 인해 피가 더러워져서 그런 것이며, 이를 해결하는 유일한 묘안은 그 살해범을 찾아 추방하거나 피로 보상하는 것뿐이라고 말한다. 오이디푸스는 그 말에 자석처럼 빨려 들어가 "그러니 나는 이것을 위해, 마치 내 아버지의 일인 양 싸워 나갈 것이고, 그 살인을 저지른 자를 잡고자 모든 곳을 뒤질 것"이라고[2] 호언하면서 눈먼(모든 예언자는 눈이 멀었다) 예언자 테이레시아스에게 조언을 구한다. 그는 그런 왕에게 "아아, 현명함이 득이 안 될 곳에서 현명하다는 건 얼마나 끔찍한 일인가! 내 그걸 잘 알고 있었으면서도 잊었으니! 그러지 않았더라면 여기 오지 않았을 것을!"이라고 독백조의 탄식을 하면서, 집으로 자신을 돌려보내 줄 것을 오히려 간청한다. 마음이 더욱 조급해진 왕이 오히려 화를 내며 추궁하자 마침내 테이레시아스는 "크레온은 당신에게 아무 재앙도 아니오, 당신 스스로 자신에게 재앙이지"라고 독설을 퍼붓는다. 왕의 계속되는 추궁과 모욕에 화가 난 그는 오이디푸스 자신이 바로 범인이며 자신의 어머니를 아내로 삼아 네 자녀를 가질 인물로, 후일 스스로 자신의 눈을 찌르고 방랑의 길을 떠날 운명을 맞이할 것이라는 취지의 모호한 수사적 전언을 통해 왕을 극도의 혼란에 몰아넣는다. 어떤 아포리아 상황을 타개하기 위해 골똘히 생각하다 이 모든 것이 크레온의 계략일 것이라고 의심한 오이디푸스는 결국 그와 격론을 벌인다. 왕비 이오카스테가 중재자로 나서 자신들이 받은 신탁의 내용을 말하자 왕은 급격히 불안해하고, 이때 코린토스에서 온 사자가 오이디푸스가 키타이론 산 속에서 왕의 양치기로부터 자신에게 넘겨진 아이였다는 것을 실토한다. 결국 모든 자초지종을 알게 된 왕은 자살해버린 어머니이자 왕비인 이오카스테의 브로치로 자신의 눈을 찌른 후 다시는 돌아오지 못할 먼 길을 떠난다. 진실을 향한 오이디푸스의 광기 어린 행동은, 그것이 자신의 운명을 파멸로 이끌 것임을 알면서도 무모할 만큼 저돌적으로 직진함으로써 거대한 운명의 힘 속으로 빨려 들어가는 인간의 운명을 닮아있다. 그 운명은 신의 계시가 아니라 인간 스스로 선택한 운명이라는 점에서 형용할 수 없는 비극적 황홀의 여운을 남긴다.

그리고 '안티고네'가 오이디푸스가 걸어간 운명의 길에 동승했다. 안티고네는 그런 점에서 오이디푸스와 정확하게 닮아있다. 주지하듯이 국가의 법으로 상징되는 크레온과 공동체의 법으로 상징되는 안티고네의 싸움의 결과는 비극적인 것이다. '죽음충동'과 죽음에 대한 공포는 그때 동전의 양면처럼 한 몸이 된다. 안티고네는 작은 오빠 폴리네이케스의 죽음을 애도하기 위해 공동체의 풍속인 '신의 법'에 따라 그를 매장함으로써 크레온의 금기에 정면으로 도전한다. 비극 「안티고네」는 '안티고네'의 아포리아 상황을 설정함으로써, 인간의 지혜를 넘어서는 운명에 인간이 처했을 때 어떻게 행동해야 하는지에 대해 '비극적 황홀'을 소환함으로써, 법의 영역을 넘어서는 정의의 윤리를 현대의 인간에게 숙제로 남긴다. 인류의 역사에서 그 숙제는 지속적으로 지금-여기의 문제로 살아있다. 그 문제의 진실을 관통하는 중심에 오이디푸스의 비극적 운명이 자리하고 있다. 그는 신탁의 예언처럼 자신의 길을 떠나기 전 부친을 살해하고 어머니를 왕비로 두 아들 에테오클레스와 폴리네이케스, 두 딸 안티고네와 이스메네를 낳게 된다. 그리고 근친상간이라는 원죄 의식이 이 메커니즘 속에 있다. 우리는 여기서 서구 문화에 강력하게 작동하고 있는 원죄 의식이 히브리즘을 특징짓는 기독교 문화가 아니라, 이미 헬레니즘으로 대표되는 그리스 비극 속에 잠재해 있는 문화적 원형으로부터 기원하고 있는 것이 아닐까를 유추해볼 수 있다. 이후 두 아들은 모두 전쟁에 참여하여 전사하게 되는데, 큰 오빠 에테오클레스는 크레온이 섭정하고 있던 테베의 편에서 싸웠으나 얄궂게도 폴리네이케스는 테바이를 공격하는 적국의 군인으로 참여한다. 전쟁의 상처는 언제나 남은 여성의 몫이 된다. 두 죽음을 거둬 장례를 치르려던 안티고네는 크레온과 정면으로 부딪치는 운명 앞에 직면한다. 큰오빠는 무리없이 국장으로 치를 수 있지만, 작은 오빠는 들판에서 독수리의 밥이 되도록 시신을 유기하라는 형벌이 내려졌기 때문이다. 그러나 안티고네는 국왕의 법을 어기고 '신과 하늘의 법'인 공동체의 윤리(풍속)에 따라 매장을 강행한다. 금기를 어긴 안티고네는 결국 크레온에 의해 캄캄한 동굴의 석실에 감금돼는 가혹한 형벌을 받고, 스스로 죽음을 선택하게 된다. '인간의 법'이 '신의 법'을 넘어설 수 없다는 미적 진리는 헤겔의 해석을 통해 '공동체의 영원한 아이러니'로 남아 있다. 현실의 법을 넘어서기 힘든 현대의 인간에게 안티고네는 비극적 황홀로만 존재하는 것처럼 보인다. 그러나 데리다의 언명에서도 언급되고 있듯 법의 정의는 국가가 규정한 형식 속에서 결코 완성되지 않는다. 그것을 포괄하는 문제가 미적 감성의 영역에 위치하고 있음을 라캉의 안티고네 해석은 유려하게 설득한다. 안티고네가 행한 정의는 신의 법도 인간의 법도 아닌 '아테atè'의 범주에 속하는 것이라고 라캉은 주장한다. 여기서 크레온이 주장한 기존의 윤리나 정의를 넘어설수 있는, 즉 아포리아를 초월하는 미적 은유와 우리는 만나게 된다. 정치의 미적 영역이 그만큼 엄밀하고 중요하다는

26   봉인된 시간

것을 우리는 상기하게 된다. 라캉에게 아테는 어떤 경계의 사이에 있는 것으로, 인간의 삶이 일시적으로 가로지를 수 있는, 다시 말해 그 무엇으로도 대체할 수 없는 순수절대를 향한 정의의 다른 이름이다. 「안티고네」의 전개 과정에서 이 아테는 스무 번 이상 등장하는 것으로 추측되는데, 거기서 아테의 법은 삶과 죽음을 동시에 침식해 들어가는 '살아있는 죽음의 영역'에 다름 아니다. '안티고네'는 이 아테의 분열된 상황 속에 과감히 뛰어들어 주체로 서는 용기와 결단의 미덕을 발휘함으로써, 비극적 황홀로 특징지어지는 최고의 쾌락, 주이상스에 도달하게 된다.(이창동 시네마의 거의 모든 인물들, 영호, 미자, 종수가 도달한 주이상스가 이 스펙트럼에 위치한다) 반면 크레온의 한계는 공동체의 선과 그의 권력을 동일시하려는 판단의 결정적 한계에서 오는 자기 오인에 함몰돼 있다(그의 정치적 오류는 지속되는 현대정치의 악의 사슬로 현존한다). 그 결과 크레온의 판단착오는 그 자신의 정치적 역량의 미숙함으로 끝나지 않고 공동체의 파국을 잉태하는 숙주가 된다. 특별히 라캉은 안티고네를 정독하는 과정에서(「세미나 7」) 안티고네의 행동 자체 안에 있는 공포와 연민의 기능을 주목하면서, 죽음충동을 넘어 자신이 주체적으로 공동체의 윤리를 실천하는 과정에 필연적으로 맞서게 되는 비극적 황홀의 한 경지를 아테의 진리를 통해 새롭게 구축한다. 죽음을 넘어서는 안티고네의 죽음충동은 오늘의 현실에 비춰볼 때 무(위)를 향한 욕망의 다른 실천이다. 그러니까 그녀가 도달한 주이상스에는 무(위)의 심연을 향한 그녀의 죽음충동의 그림자가 어른거리고 있는 것이다.

반시대적 고찰

종수의 살인에는 시대의 우울이 깊이 잠복돼 있다. 흡사 그것은 소진된 인간이 마지막으로 취할 수 있는 유령의 모습에 가깝다. 종수의 페르소나 미자가 이미 그의 앞에 있었다. 그녀의 '사라짐'이 유령의 전조인 것은 명확하다. 미자는 '세월호'처럼 애도되지 못한, 그럼으로써 이미 하나의 미적 레짐으로 자리한 시대의 우울을 온 몸으로 리트머스화한다. 화면의 흐름에서 행하는 하나의 의식으로서의 시짓기는, 그 시대의 우울을 푸닥거리로 소환하는 미자의 마지막 애도의식에 다름 아니다.

봉인된 시간

애도되지 못한 죽음의 원혼들로 들끓고 있는 이 땅의 심저로 더 깊이 침잠해가면 분단체제라는 괴물이 자리하고 있다. 이창동 영화의 배후에는 이 분단체제가 낳은 괴물과의 싸움으로 고통받거나 젊은 청춘을 버린 영혼들의 절규로 들끓는다. 신애는 돈에 눈이 멀어 아들을 살해한 가해자가 기독교라는 신을 빌어 억지로 만든 용서에 끝내 분열해버리며, 영호는 서서히 괴물이 되어가면서 마침내 그의 푸른 청춘과 작별한다. 막동은 그가 가장 사랑하던 엄마를 공중전화 너머로 외마디 비명처럼 간절히 부르짖다 비정한 현실의 칼에 찔려 죽음을 맞이하며, 종수는 분단체제와 그것에 기생하여 독버섯처럼 창궐한 분단자본주의의 괴물과 싸우다 자신의 젊음을 송두리째 저당 잡히는 불운한 인생의 환영이 된다. 분단체제에 대한 그의 민감한 반응은 그의 문명을 굳히는데 결정적 계기를 마련한 「소지」에 이미 잠재돼 있는 미적 모티브다. 이 소설을 지배하는 정조는 최인훈과도 다르고 윤흥길과도 변별된, 말하자면 유년기 체험 세대 이후의 분단체제에 대한 새로운 세대의 내면화 과정을 상징적으로 보여준다. 그것은 조금 더 세밀하게 말해 이 땅의 현 체제에 대한 근본적인 의문으로 침잠한다. 나는 시네마 〈버닝〉에서 다시 그가 소설을 쓰듯이 영화를 찍고 있다고 말했는데, 그것은 정확하게 사실에 가깝다. 그는 이제 영화로 소설을 쓰겠다는 욕망을 노골적으로 표출한다. 그가 그것을 통해 말하고자 하는 것은 시대의 증언에 대한 미적 욕망이다. 분단체제가 낳은 분단자본주의라는 괴물을 넘어서지 않고는 한 발짝도 나아갈 수 없는 시대의 비극 앞에 모두 분열하고 마는 그의 근친들은 그러므로 비극적 황홀을 통해서만 만날 수 있는 시대극의 새로운 페르조나들이다.

응시해보면, 분단체제는 현 단계가 일제 강점기의 연장, 다시 말해 '잔여적 식민지'로부터 자유롭지 않다는 것을 명확하게 규율한다. 우리는 아직 일제 식민지로부터 완전하게 해방되지 못한 '이중구속double bind'[3] 상태에 있다. 그것은 또 다른 형태의 분열된 내면을 의미한다. 내면의 식민성을 걷어내지 못했다는 점에서 우리는 의식의 불구를 잠재태로 하고 있다. 분단체제에 이중구속돼 있는 한 그러므로 우리는 끝없는 반목과 분열, 정치적 갈등과 문화적 열등감 속에 살아갈 운명에 구속될 수밖에 없다. 일제강점이 남긴 후유증은 우리가 알거나 추측하는 것 이상으로 크고 무거우며 고통스럽다. 내부적으로 분단체제는 조선 말기 정치 담당층인 부패하고 무능한 왕조와 오직 자기 영달과 권력에만 눈이 먼 지식인(사대부. 양반)의 협잡과 방관이 만든 최악의 유산이다. 그래서 더 중요한 것은 나쁜 유산의 현재성이다. 국가의 명패만 바뀐 현재의 남한과 북한은 여전히 그 권력 담당층의 구성과 행태가 조선의 그것과 차별화하기 어려울 만큼 왜곡되어 있다. 분단체제의 권력 담당층에 대한 면밀한 분석이 요청되는 이유이다. 말의 엄밀한 의미에서 현 단계 한반도 분단체제는 제2차 세계대전 이후 미국이 동아시아 지배를 위해 기획한 패권프로젝트 일환의 연장선상에 있다. 이는 1945년 지구상 유일하게 원자탄 투하로 패전한 일본을 미국의 지배하에 묶어 두려는 전후체제 기획과 정확하게 일치한다. 이를 위해 미국은 1940년대 말 이른바 냉전 이데올로기를 완성하고 가상의 '애치슨라인'을 설정하면서 동아시아의 경우 일본을 그 핵심기지로 삼게 되는데, 말하자면 동아시아 질서의 안정이 미국 패권 프로젝트와 동일시된다고 판단했기 때문이다. 이를 뒷받침할 만한 발언을 관변학자 헌팅턴이 한 바 있다. "미국의 패권 지속이 미국의 이익일 뿐만 아니라 세계의 이익이기도 하다. (…중략…) 어떤 나라도 국제질서와 안정에 미국에 비견할 만한 공헌을 할 수 없다"는 강

변이 그것이다. 문제는 그 발언이 여야를 막론하고 미 주류 세력에게 하나의 신념이 되게 했으며, 이 팍스 아메리카나의 이데올로기가 여전히 현재를 지배하는 핵심 어젠다라는 점이다. 그것의 실행을 위한 두 개의 동아시아 전략이 '봉쇄'와 '패권주의'다. 현 단계 중국과 행하고 있는 '무역전쟁'도 바로 이 중국 봉쇄 전략과 궁극적으로 미국패권주의를 위한 기획의 실행에 지나지 않는다. 미국의 중국에 대한 관세폭탄으로 시작된 '미·중 무역전쟁'의 핵심은 미국이 중국을 현실에 존재하는 제일의 적국이라는 위협 요인 때문에 발생한 것이다. 이 역시 '어떤 나라도 미국에 필적하는 강대국이 된다면, 그 나라는 미국의 적국이 된다'는 전후체제 처리 과정에서 기획된 냉전 시나리오의 연장선상에서 이해되어야 한다. 그런데 그 시나리오는 미국이 일방적으로 만든 말 그대로 시나리오(허구)이다. 그 시나리오는 이미 1990년대 끝난 냉전 구조를 다시 불러내는 '신냉전new cold war' 구조의 부활을 의미하는 것으로, 이를 통해 궁극적으로 중국을 봉쇄하는 중국 고립화 작전을 완수하겠다는 미국식 술수의 반복·재생산 이외에 아무것도 아니다. 실제로 트럼프 정부 2인자 부통령 펜스는 허드슨연구소에서 행한 2018년 10월 연설에서 "구

봉인된 시간

舊소련 붕괴 이후 중국이 자유국가가 될 것이라는 낙관 속에 우리 경제에 대한 접근을 허용하고 세계무역기구WTO에도 가입하게 했지만 그 희망은 실현되지 않았다. (…중략…) 중국은 관세장벽과 환율조작, 지식재산권절도 등 경제침략을 하며 미국의 경제적 리더십과 군사적 우위에도 도전하고 있다"고 노골적으로 적대감을 드러냈다. 이를 간파한 중국은 "미국의 의도는 전 세계적인 범위에서 중국을 고립시켜 견제하겠다는 목적"이라고 비난했으며, 중국판 카카오톡 웨이신微信 논객인 아간칸텐샤는 "미국과 EU, 일본이 연합해 WTO 체제를 해체하고 관세·경제 동맹을 바탕으로 경제판 나토를 만들겠다는 구상"이라고 정확하게 분석한 바 있다. 그러니까 냉전이 끝난 지 오래되었지만, 미국의 세계를 향한 냉전 책략은 여전히 유효하며, 그 궁극적 목적은 미국패권주의의 지루한 연장이다. 이를 면밀하게 응시해야 하는 이유는 우리가 일제강점으로부터 해방된 지 70여 년이 지났음에도, 그리고 세계 대부분의 분단국가가 통일되고 냉전체제로부터 벗어났지만, 한반도만 유일하게 냉전체제에 고통받고 있다는 사실과 밀접하게 관계한다. 이 비극의 현재태는 주지하듯이 그 기원이 일본의 '군국적 근대화' 과정과 긴밀하게 연동돼 있다. 서구 열강의 침탈(흑선)에 '과장된 공포'를 내면화하고 이를 서구식 근대라는 위장된 항복으로 탈출하고자 했던 일본은 군국주의를 완성할 단계에 이르러 러일전쟁을 승리로 이끈 후, 서구 열강이 묵시적으로 허용하는 범주에서 그들이 서구에게 당했던 것과 거의 동일한 방식으로 재빨리 조선을 강점하기에 이른다. 우리는 여기서 일본의 근대화에 대한 본질을 명확히 관찰할 필요에 직면한다. 삿초번(사쓰마번+조슈번)을 중심으로 한 무사 집단과 막부의 권력 암투를 거쳐 빠른 기간에 서구식 근대화에 성공한 명치유신의 권력담당세력은 조선의 식민지화('정한론')가 곧 일본의 진정한 독립과 '부국강병'의 최종 심급이라는 강력한 이데올로기를 내면화한다. 그러니까 조선의 식민지화는 유신 세력들 간 대소의 차이와(정한론/비정한론) 논쟁에도 불구하고 일본 근대화의 최종 목표였다고 할 수 있다. 그 이념이 풍신수길豊臣秀吉의 왜란과 거의 유사한 패턴을 띠고 있다. 일본과 한국, 중국의 동아시아 근대를 표상하는 것은 세목적으로는 각각의 핵심적 차이와 미시적 레퍼런스를 필요로 함에도 불구하고, 한편으로 꽤 명쾌한 실체적 결론에 도달할 수 있다. 외세에 대한 '과장된 공포'와 '새로운 권력의 등장'이 일본의 서구

봉인된 시간

식 근대화 중심에 있는데, 그것은 당초의 '존왕양이尊王洋夷'와 '화혼양재和魂洋材'라는 의도와 달리 결국 전격적이고도 전면적인 서구식 제도와 산업화를 모방하고 개항을 수용했으며, 무엇보다 거의 최고 수준의 근대적 시스템을 갖춘 (독일의 힘을 빌려) 군대를 혁신적으로 재편하는 작업을 진행하게 되었다. 그렇다는 면에서 '서구식 산업화'와 '군국주의'는 일본 근대화의 두 축이며 그 지향점은 명백히 침략전쟁으로 귀결된다. 왜의 근대는 한마디로 처음부터 모순으로 점철된 이중구속된 분열적 근대였다. 일본의 근대는 여러 부면에 걸쳐 실질적으로도 서구식 근대화를 모방했지만, 결국은 그 모방마저도 오역된 근대로 귀결되었고, 궁극적으로 그 오역의 번역이었다.[4] 이 뒤틀린 근대의 연장선상에 조선의 식민지화와 현 단계 포스트분단체제가 혼재돼 있다. 일본의 근대에 대한 이해를 위해서는 필연적으로 오역된 근대에 대한 의역(해석)이 그래서 요구된다. 일본 근대를 표상하는 명치유신은 근본적으로는 '존왕양이'를 슬로건으로 내건 전근대로의 퇴행의 성격을 내포하고 있다. 일차적으로 그것은 삿초번을 중심으로 전개된 중간계급의 사무라이들이 도쿠가와 막부 쇼군을 향해 벌인 권력투쟁이었다. 1850년대 전후 막번幕藩 체제의 요동에서 일본의 근대가 시작되었다는 것은 일반적인 정설이다. 아편전쟁으로 영국과 치욕적인 조약을 체결한 중국 왕조의 무능과 무기력을 코앞에서 목도한 일본막부를 비롯한 권력담당층은 '흑선(페리호)'으로 대표되는 여러 서양제국 함대의 빈번한 출몰과 기독교의 공격적 침입과 교란, 전혀 새로운 무기와 군대의 전투력에 크게 당황했고, 급기야 국가 방위에 대한 '과장된 공포'가 거의 전면화 단계에 이르렀다. 이를 목격한 도쿠가와 체제는 화급하게 서구식 군사훈련소와 양학연구, 서양 근대과학의 번역을 위한 기관들을 설치하고 인재를 발탁하고자 심혈을 기울였다. 이 와중에 1858년 흑선 출현에 놀란 막부는 명목상이긴 해도 덴노(일왕)의 허락도 받지 않고 미·일수호통상조약을 체결하면서 반대파를 무자비하게 숙청하기에 이른다. 당연한 귀결이었지만 이 과정에서 중앙집권제를 내세운 신정부론자들과 막부와의 내란이 벌어졌다. 그런데 여기서도 모순은 필연적으로 노출되었다. 존왕론자들이 내세운 명분은 전쟁과정에서 개항과 서구식 근대화로 변개된다. 영국함대와의 전투에서 패해 그들의 포로가 되었던 오대우후五代友厚는 오히려 영국유학을 자청한 후 돌아와 오사카지역 산업을 서구식 모방을 통해 부흥시키며, 이등박문伊藤博文을 비롯한 조슈번의 주요 신왕당파는 대부분 영국유학 후 여러 제도를 신정부 운용에 획기적으로 이식한다. 말하자면 유신이란 원칙적으로 삿초번의 웅번들이 권력투쟁에서 승리한 후 무력투쟁을 '대정어일신大政御一新'이란 이데올로기로 포장한 것에 불과했다. 명치유신이 결과한 근대화가 모순이었던 것은 가령 막부 봉건제의 실질적 내용이 중앙집권적 구조를 취하고 있었다는 점에서도 확인된다. 대체로 정치적 중심지인 간토, 오사카, 기나이는 막부직할로 통치하고 있었고, 전국 물적 생산량의 약 25% 가까이를 막부가 장악하고 있었으며, 서양, 중국과의 교역도 거의 완전한 통제가 가능한 가운데 주요 광산과 화폐 발행까지를 독점하고 있었다. 문제가 된 다이묘가 지배한 260여 개의 지방 번은 막부 직할이 25%, 혈연 관계인 신번과 후다이번의 합이 30%, 그리고 문제의 빌미를 안고 있는 막부와 긴장 관계였던 도자마外様藩번이 30% 정도를 점유하고 있었다. 문제를 안고 있는 도자마번들은 주로 혼슈 서남쪽과 규슈, 도호쿠 등 도쿄나 교토의 외곽에 분포하고 있었는데, 막부 초기에는 무가제법도武家諸法度 등으로 강력한 통제가 가능했다. 이 도자마번이 막부 균열의 최대 모멘텀으로 작동하기 시작한 것은 18세기 말 이후부터다. 약 200여 년 이상 전쟁이 없는 평화가 지속되고 자립형 소농의 출현으로 비약적인 물적 확대가 일어나면서 상대적으로 하급무사들의 박탈감이 커져갔다. 일차적으로 그것은 그들의 생존 위기와 직결되었다. 병·농 분리정책으로 전체 인구의 무려 7%에 해당하는 사무라이들이 봉급을 받고 도시에 거주했는데, 그중 80%가 이른바 하급무사였다. 일차적 문제는 그들의 봉급이 쌀로 지급되었다는 것이다. 화폐경제의 발달과 물적 생산의 비약적인 증대로 상대적 박탈감에 시달리던 이들에게 생활고는 피할 수 없는 위기로 현실화되었다. 18세기 후반 막부 최대의 위험요소는 다른 반란이나 적대 파벌의 쿠데타가 아닌 바로 이 하급무사의 요동이었던 셈이다. 이 과정에서 외세의 위협이 증대되는 가운데 앞에서도 언급한 두 번의 큰 내란('戊辰戰爭', '西南戰爭')이 일어났다. 사무라이들에게 그것은 막부냐 신정부냐의 막다른 선택을 요구했다. 두 전쟁 과정에서 약 3만 이상의 정치적 사망자가 발생했다. 또한 미토 번水戶藩으로 특징되는 지배 세력의 중추에서 후계 문제와 대외 인식을 둘러싸고 심각한 갈등이 노출되었다. 형식적으로 그것은 유학과 관계했다. 18~19세기에 이르러 평화체제 동

봉인된 시간

안 사무라이들에게 나타난 큰 변화 중 하나를 꼽으라면 단연 유학적 소양을 학습하게 된 사건이라고 할 수 있다. 그것은 그들에게 시와 지식의 무장을 강화하는 결과로 나타났다. 그 결과 유학적 이데올로기에 근거하여 덴노(일왕)와 쇼군의 관계를 실질적으로 군신의 위계에 위치 지으려는 주장이 제기되기 시작했다. 여러 부면에서 막부의 권위가 급격한 위기에 봉착하기 시작했다. 그러나 정권교체의 실질적 틈을 이해하기 위해서는 도쿠가와 막부 최후 쇼군인 요시노부의 모순되면서도 복잡한 내면을 세밀하게 탐사하는 공부(명석한 해석)가 요구된다. 그의 결단이 비교적 많은 피를 흘리지 않고 신정부세력에게 권력을 이양한 실체적 결과로 나타났기 때문이다(이것을 단순히 칼잡이들 중 최고 실권자의 투항이나 할복으로 최종 결과를 수용하는 관습과 관계한다고 단순화시키기는 쉽지 않다. 또 이것이 조선과의 가장 큰 차별성이라고 말하기도 쉬운 것은 아니다. 왜란 동안 왕의 수급 하나면 전쟁이 끝날 수 있다고 판단한 왜구들이 파죽지세로 한양까지 밀고 올라왔으나. 부연하여 그들이 관군과의 전쟁에서 승리 후 지나간 자리에 민병대의 더 끈질긴 저항으로 관군과의 싸움보다 더 많은 에너지를 소모했다는 사실은 거칠게 말해 인식의 차이, 문화의 차이, 민족성의 차이를 웅변한다고 볼 수는 있다. 나는 이것이 현재한·일의 매우 중요한 차이라고 판단하고 있는데, 그것은 한국 민주주의의 현재태와 일본의 그것의 현저한 차별화와 관계한다고 보기 때문이다. 한국 민주주의는 중국이나 일본과는 질적 양적으로 큰 차별화를 띠고 진행되고 있다. 일본은 궁극적으로 민주주의 불가능 단계로, 중국은 구조적 문제로 인해 유사 파시즘화로 미끄러져 가고 있는 데 반해, 한국은 촛불과 그 이후에 전개된 남북 관계의 요동에서 확인되듯, 미시적으로는 서구 민주주주의와도 차별화된 무궁무진한 잠재태를 내재한 민주주의의 새로운 모델을 향해 나아가고 있는 것처럼 보인다). 그리고 그것이 명치유신을 가능하게 한 원동력이 되었던 이유이기도 하다. 명치유신의 과정에 잠깐 비정한론이 정한론을 압도했다. 그것은 가면의 전술(꼼수)이었다. 이등박문을 축으로 한 그것은 일종의 부국강병을 위한 준비론으로 요약된다. 명분과 내용을 모두 충족한 후 침략해서 목적을 성취하겠다는 것이 그것이다.[5] 그 결과 소위 유신의 제 조건이 완성되었다고 판단한 이등박문과 권력담당 세력은 단초부터 좌표로 설정하고 있던 군국주의의 실질적 전개를 조선에 감행하기에 이른다. 청일전쟁과 러일전쟁에서 승리하고 그 당근을 향유할 사이도 없이 서구 3국의 노골적이며 수용하기 어려운 내정 간섭에 당한 그들은 분기탱천하여 직면한 유혹을 실행한 결과 같은 방식으로 조선을 교활하게 강제점령한 후 식민지화하였다. 그것이 그들이 명치유신의 묵시적 강령으로 내면화한 독립국가의 최종 목표였기 때문이다. 그 메커니즘은 그들이 미·일 조약이나 기타 서구 제국에게 요구받았던 방식과 거의 일치하는 것이라는 점에서 모방된 근대, 이식된 근대였다. 내면의 분열이 뒤따를 수밖에 없었고, 그 결과는 후일 자신의 파멸만으로 끝나지 않고 이웃 국가를 씻을 수 없는 고통으로 덧나게 했으며, 그 현재성은 끝없는 자기부정과 기만으로 점철된 내면의 착란상태schizophrenia로 잠복해 있다.

한편, 일본 군국주의자들의(궁극적으로 근대화 세력) 오판으로 태평양전쟁을 통해 원자폭탄을 맞고 패전한 전후 수습과정에서 미국은 일본이 강점했던 조선을 직접통치하는 방식으로 선회하게 되는데, 이때 선택한 정책이 냉전체제의 공고화와 봉쇄전략이다. 봉쇄는 미국의 패권주의를 지속 가능하게 하기 위한 전방위적 책략의 일환으로 적과 아군 할 것 없이 수행되었다. 가령, 러시아와 쿠바 북한 등의 적대국뿐 아니라 서독과 일본, 남한까지도 미국의 맞춤식 봉쇄전략이 실행되었다. 특히 아시아의 경우 항복한 일본을 효율적으로 관리하기 위해 미국은 이른바 자유경제부흥을 꾀했는데, 이를 뒷받침할 구세주인 '한국전쟁이 갑자기 나타나서' 미국은 한국전쟁 후 무려 4배에 달하는 군사비 지출을 의회에서 따내는 데 성공하게 된다. 이 결과는 패권유지 기구인 CIA(중앙정보부)를 일개 국 정도의 유명무실한 기구로부터 전지구경찰 역할과 온갖 음모를 기획하는 기구로 초거대화하는 데 결정적 역할을 한다. 뿐만 아니라 파탄 상태인 일본 경제를 전무후무한 성장으로 올려놓아 미국패권주의자들이 원하는 거의 모든 의도를 실현하는 데 결정적 기여를 하기에 이른다. 그러니까 한국전쟁은 오늘의 미국 패권주의를 실현하는 데 가장 크게 기여한 일대의 사건이었던 셈이다. 그렇기 때문에 미국의 한국 분단구조에 대한 집착은 상상 이상이다. 그리고 이와 똑같은 집착을 보이는 또 하나의 국가가 일본이다. 분단체제는 미국 패권주의의 지속을 위한 심장이자 일본 근대화세력(패전집단)의 야욕을 실현하기 위한 징검다리였던 것이다.

　이런 저런 이유로 분단체제는 반생태적 구조를 취할 수밖에 없다. 그것은 분열과 죽임의 문화를 섭취해야만 생존을 지속할 수 있기 때문이다. 분단체제의 반생태성은 일제강점의 외부적 요인에 의한 현재적 진행태의 이유가 가장 크다. 일제 군국주의의 전쟁 동원으로 인한 피해를 가장 깊고 넓게 당한 한반도는 여전히 그 잔당이 간교하게 행사하는 온갖 구조악의 후유증에 깊이 침윤되어 있으며, 분단체제의 고통은 시민의 크고 작은 일에 이르기까지 모든 문제의 근인과 원인으로 작동하고 있다. 그러니까 아직 한반도는 식민지의 연장선상에서 전혀 자유롭지 못하다. 해방 이후 반드시 완수했어야 할 식민지 청산이 전혀 이뤄지지 않은 것이 주요한 요인 중 하나다. 우리는 반식민지성 극복이 그래서 한반도 생태와 보다 나은 삶을 복원하는 중차대한 과제임을 명시적으로 강조한다. 역사적 맥락에서 분단체제를 극복한다는 것은 시민의 기저에 잔여태로 남아있는 일제 식민지 의식을 완전하고도 제도적으로 해소한다는 의미이며, 미시적 생활 차원에서는 생태적이며 실존적인 자기해방이고, 정치적으로는 민주주의의 실질적 토대를 갖추게 된다는 막중한 함의를 내포하고 있다.

내가 이창동의 시네마를 통해 말해보고 싶었던 것은 분단체제와 분단자본주의에 기생해온 이 땅의 정치구조에 대한 이러저러한 의문이었다. 나는 그것을 미적으로 저작詛嚼하는 과정을 통해, 그래도 끈기있는 이 땅의 한 디렉터와 그 시네마가 어떤 분기점에 이르러, 질기고 악몽 같은 분단 체제를 균열 내기 위해, 미적 레짐으로서의 혁명적 변화를 촉발할 수 있는지를 소박하게 묻고 싶었다.

소진된 인간

〈버닝〉과
아펙투스

갸름한 얼굴을 쑥 내밀며 살짝 열린 문을 잡은 채로 바틀비가 유령처럼 나타났다…'나는 오늘 식사를 안 하는 편을 택하겠습니다'…[그는] 낮에는 계단 난간에 앉아 있고, 밤에는 건물 입구에서 잠을 [자며], [건물] 여기저기에 출몰한다…삶을 위한 [그의] 모든 노력은 죽음으로 귀결[되었다].

「필경사 바틀비」

리비도

〈버닝〉의 엔딩시퀀스에서 '종수'는 마침내 튀기[6] '벤'을 칼로
찌른 후 불태운다. 그것은 우발성 살인과 방화가 아니다. 그
가 사용한 칼은 불분명한 이유로 지금은 형 집행을 받고 수
감된 그의 부친이 파주의 집 캐비닛 깊숙이 간직해두고 있던
것들 중 하나였다. 그의 살인은 동기가 불분명한 채로 아직
은 젊은 한 인간의 완전한 소진을 은유한다. 서사의 전체적
맥락에서 보면 살인까지는 안 해도 되었을지 모른다. 그러나
영화는 어떤 리비도의 흐름 속에 있는 '종수'의 멜랑꼴리를
은폐한 채, 그것만이 유일한 삶의 현재적 방식이라는 단호한
결론에 도달한다. 그가 벤을 찌른 후에 보여준 의식은 최서
해가 빈번하게 사용했던 홍염과 절규에 버금가는 것이다. 좌
표를 잃은 듯한 몸짓의 퍼포먼스를 통해 시사하는 그것은 그
러므로 사회적인 것이다. 종수의 살인 컨텍스트에는 동시대
남한 사회가 안고 있는 포스트자본주의(잔여적 식민지로부터 발
아된 분단자본주의)의 증상이 긴밀하게 작동하고 있다. 그런 면
에서 종수의 살인은 실존의 한계를 넘어 한 사회의 지속과
해체에 대한 선택을 강요받고 있다. 선택은 사실 아직 너무

성급한 것일지 모른다.

한 소진된 인간이 있다. 그는[7] 생강과자 몇 조각으로 연명하며, 필사하는 문건이 쌓여있는 사무실 한 귀퉁이에 기거하며 은밀하게 유령처럼 건물 이곳저곳에 출몰하기도 하는, 궁극적으로 자신의 육체적 소멸의 한계와 대결하며 세계와 맞서고, 그럼으로써만 자신의 마지막 존재증명을 부여받는다. 다시 말해 그의 죽음은 스스로 선택한 자유의지의 표현이면서 표현을 넘어서는 '존재증명'이다. 엄밀한 의미에서 소진된 인간l'epuisé은 피로한 인간le fatigué을 훨씬 넘어선다. 피로한 인간에게는 더 이상 어떤 가능성도 남아 있지 않다. 그러므로 그는 최소한의 가능성도 실현할 수 없다. 그러나 우리는 결코 가능한 것 모두를 실현하지는 않기 때문에 최소한의 가능성은 남는다. 가능한 것을 실현하면서 또 다른 가능한 것이 생겨나게 할 수도 있다. 피로한 인간은 단지 실현을 소진했을 뿐이다. 반면 소진된 인간은 모든 가능한 것을 소진하는 자이다. 피로한 인간은 더 이상 실현할 수 없다. 그러나 소진된 인간은 더 이상 가능하게 할 수 없다. 더 이상 가능한 것은 없다. **철두철미한 스피노자주의.**[8] 그 자신이 소진되어 가능한 것을 소진한 것일까, 아니면 가능한 것을 소진해버렸기에 그는 소진된 것일까? 가능한 것을 소진하면서 그는 소진된다. 그 반대이기도 하다. 그는 가능한 것에서 실현되지 않은 것을 소진한다. 모든 피로 너머에서, 결국 다시 한번 가능한 것과 끝장을 본다.'[9] 바틀비의 존재증명을 위한 과정에는 일체의 가능성이 남아 있지 않다는 점에서 일말의 희망을 꿈꾸고 모의하는 이 땅의 모든 수정(개량)주의와 근본적으로 차별된다. '그것은 모든 선호의 순서, 모든 목적의 유기적 조직화, 모든 의미화를 포기하고 어떤 한 상황의 변수들 전체를 조합하는 것이다. 더 이상 집 밖으로 외출하기 위함도, 머무르기 위함도 아니다. 또한 낮과 밤을 활용하지도 않는다. 완수할 뿐, 더는 실현하지 않는다.…그렇다고 수동적이지도 않다. 우리 자신을 능동적으로 활성화하지만, 이는 아무것도 아닌 것, 즉 무無를' 향한다.(들뢰즈, 25면) 바틀비는 자신과의 대결에서 그리고 세계와의 그것에서 완전하게 끝장을 봄으로써 마침내 무의 세계로 점프한다. 그것은 플라톤이 직시한 '코라'의 세계, 그리고 노자가 은유한 '텅 빈 충만'의 세계로의 진입과 상동성을 띠고 있다. 그런 점에서 그의 죽음은 역설적이게도 새로운 생명을 향해 있다. 그는 죽음을 향해 조용히 돌진함으로써 궁극적으로 '병든 미국의 내과의사'가 됨과 동시에 동시대 전체를 향한 '예수 그리스도'가 된다. 그의 죽음은 부활하는 생명의 다른 호명인 것이다.

시네마 엔딩시퀀스에 이르러 '종수'는 바틀비의 그것처럼 끝내 그의 모든 가능성을 소진한다. 그의 삶의 가능성의 완전한 소진은 튀기 벤의 이미지 프레임들이 부여한 누적된 욕망의 임계점과 맞닿아있다. 그 변곡점에서 해미는 사라지고 벤은 칼에 찔려 그의 포르쉐와 함께 불태워지며 종수는 전라로 한겨울 눈 덮인 미명의 새벽 들판을 가로지른다. 그가 낡은 타이탄 트럭을 앞세워 천천히 횡단하는 시간과 공간의 이쪽과 저쪽은 완전히 다른 세계로 구획된다. 다시한번 그는 바틀비처럼 스스로 탈영토화한다. 그런데 자세히 보면 영화는 그와 동등한 위치에 '해미'와 '벤'을 배치하고 이들의 관계를 현시적으로 독립된 기호로 기표하고 있는 듯하지만, 더 자세히 들여다보면 그들의 관계를 이끌고 있는 것은 궁극적으로 종수다. 해미의 결핍된 욕망은 어떤 엑스터시 상태에 도달한 듯한 '그레이트 헝거춤'이 아니라, 정확하게 '사라짐'을 통해서만 완성된다. 그녀의 사라짐은 그런 점에서 종수가 궁극적으로 희망하는 자신을 증언하기 위한 글쓰기와 등가에 위치한다. 그것은 불가능한 꿈이기 때문이다. 영화는 이 알레고리를 위해 종수가 해미의 방에 있을 때만 유일하게 수음을 하고, 그때마다 음습한 방으로 찰나의 시간에 남산타워에서 반사되는 햇빛과 매치시키며, 그가 그토록 열망하던 글쓰기를 수행하는 모습의 뻘랑을 환타지로 기입하고 있다. 한편 벤의 유일한 욕망인 비닐하우스 태우기는 종수의 결핍된 욕망이 지속하는 한에서만 의미를 할당받는다. 그것은 상보적이다. 이 영화의 모든 인물들은 종수를 축으로 회전한다. 그러나 그 모든 가능성들로부터 차단된 종수는 스스로를 소진함으로써 결핍된 욕망과 끝장을 본다. 그의 삶의 소진은 그를 구성하는 이 땅의 현재와 과거가 합작하여 그를 철저하게 해체시키고 고립화한 결과다. 영화는 완전하게 소진한 이후 폐허 위에 선 종수의 이미지를 동시대인들을 향해 뿌린다. 이미지의 산탄이 사방으로 흩어져 아우성이지만, 궁극적으로 그것은 단 하나의 질문을 향한 절규이다.

아펙투스-2개의 암전

우리는 영화 전 과정에서 2개의 암전이 제공한 변곡점에 이를 때 불현듯 반복·등장하는 어쿠스틱 사운드의 리듬에 사로잡히는 불길한 경험을 하게 된다. '트레비스'가(〈파리텍사스〉의) 야윈 몸을 이끌고 텍사스의 황량한 시골 파리의 사막을 가로질러가는 한 시퀀스를 연상시키는 그 리듬은, 종수의 감정 상태를 고조시키고 영화 전체의 정서를 향해 질주하는 내면의 이미지로 작동한다. 그 정동-이미지image-affection는[10] 궁극적으로 영화 전체를 지배하는 감정의 울림통으로 기능한다. 해미가 사라진 후, 그러니까 '헝거춤'을 완성한 뒤 오히려 그것이 창녀나 하는 짓이라고 종수가 말하는 순간, 그것이 해미의 부재를 암시하는 결정적 메시지가 될 것을 모르는채 벤의 차에 태워진 해미는 화면 밖으로 완전하게 사라지게 되는데, 그 뒤 종수는 불길한 징조와 악몽에 시달리며, 불태운 비닐하우스 흔적(실제로는 사라진 해미에 대한 불길함)을 찾아 거의 반미치광이처럼 들녘을 헤맨다. 벤이 태워버렸을지도 모를(따라서 해미도 그렇게 했을지 모를) 파주 전체에 끝없이 시설돼있는 비닐하우스를 찾아 숨을 몰아쉬며 헤매거나 벤을 추적하는 쁠랑(들)에서 카메라는 종수를 쫓아가는 팔로트 래킹 숏을 통해 박명으로 넘어가는 시간의 빛과 어둠을 치밀하게 연출한다. 그것은 무언극이나 시적인 장면에 비견할만한 것이다. 박명의 시간 들녘을 숨이 턱에 차도록 건너가는 종수의 어깨너머로 기일게 포물선을 그리며 쫓아가는 새떼의 이미지는 감정의 고조를 단숨에 극대화한다. 불안한 종수의 표정과 서정적 풍경의 극단적 배치 위에 카오스적 리듬이 개입한다. 그 사운드는 영화에서 두 번 재현된다. 두 번의 반복된 리듬을 위해 두 번의 암전이 설계된다. 결론적으로 말해 이것은 이 시네마에서 명시적으로 제시한 두 번의 '탈영토화'와 관계한다. 해미의 사라짐을 위한 암전이 첫 번째 그것이라면 종수의 완전한 끝장을 위한 엔딩 크레딧 암전은 영화를 완성하기 위한 두 번째 전회이다. 역설적으로 두 번의 암전과 어쿠스틱 사운드가 영화에 생명을 불어넣고 감정(불안, 초조, 강박, 집착, 충동)을 고조시킴으로써 결과한 효과는 고스란히 독자(관객)의 몫으로 소환된다. 말하자면 러닝타임 1:20:45초 사이[11] 첫 암전과 함께 갑자기 기입된 몽타주 컷에서 벌거벗은 몸으로 불타고 있는 비닐하우스를 바라보는 소년 종수의 정면 표정은(이 숏에는 이중의 은유가 있다. 엄마가 집을

55

나간 후 아버지의 지시로 엄마 옷을 불태운 후에 각인된 이미지, 혹은 엔딩 신에서 벤을 살해하고 불태울 때의 이미지) 무엇엔가 들린 듯 넋이 나간 모습에서 서서히 환희의 표정으로 변주된다. 그것은 영화 진행상 해미의 '그레이트 헝거춤'과 함께 이어지던 리듬의 말미에 온 것이다. 해미의 춤이 자신의 최고 쾌락의 성취에 이른 것처럼 종수의 변주되어가는 환희의 표정에서도 똑같은 포만감이 겹쳐진다. 그렇기 때문에 카오스적 리듬과 그 사이에 기입된 숏으로 변주된 감정 변화는 종수를 카오스의 상태로 들이미는 것과 동시에 관객의 유사 정조를 단숨에 끌어올린다. '카오스와 리듬의 공통점은 둘-사이entre-deux 즉 두 가지 환경 사이에 있는 데서 찾을 수 있다. 잠과 아침 사이, 인공적으로 구축된 것과 자연적으로 싹튼 것 사이, 무기물이 유기물로, 식물이 동물로, 동물이 인간으로 변이하는 사이, 바로 이 둘-사이에서 카오스는 리듬으로 바뀐다. 박자는 단정적이지만 리듬은 비판적이며 결정적 순간들을 잇거나 하나의 환경에서 다른 환경으로 이동해가면서 스스로를 연결한다. 이때 리듬은 등질적인 시간-공간 속에서 작동하는 것이 아니라 이질적인 블록들과 겹쳐가면서 작용한다. 리듬은 두 환경 사이에서 혹은 두 '사이-환경' 사이에서 비롯

된다. 다른 환경으로 이동 중에 있는 환경을 바꾸는 것이 리듬이다. 확실히 환경이 존재하는 것은 주기적인 반복이 있기[12] 때문이다. 그런데 이 반복이 차이를 생성한다. 그리고 이 차이에 의해 하나의 환경에서 다른 환경으로의 전회가 가능해진다. 두 번째 암전은 그러므로 첫 번째 그것의 결과이다. 그러니까 첫 번째 암전에서 해미의 욕망의 환유를 통해 집적된 종수의 감정 근육은 두 번째 암전에 이르러 완전한 신체의 변이/변용으로 표현된다. 가령, 영화적 흐름에서 첫 암전을 전후로 해미(벤의 조종에 의한)의 갑작스런 방문 전화에 종수는 당황하게 되는데, 이와 대조적으로 한적한 시골에 시끄럽게 웅웅거리는 대남(북)방송에 벤은 신기한 듯 "재밌네요"라고 반응한다. 그러나 그 방송은 마당에 높이 걸려있는 이질적인 느낌의 태극기와 함께 종수가 서 있는 그 지점이 분단체제를 온 몸으로 받아내며 살아가야 하는 가장 고통스런 공간과 시간이라는 것을 은유한다. 그러니까 놀이와 일이 구분되지 않는 튀기 벤이 그 풍경을 '재밌다'고 유희 수준으로 희화화할 때, (태극기부대를 연상시키는) 깃발과 하루 종일 소음으로 시끄러운 대남(북) 방송 자체가 종수에게는 가족 해체와 자신에게 누적된 현재적 고통의 삶이 된다. 분단체제는 철저하게 이 땅의 삶을 구획하고 '분단효과(편익)'를[13] 누리는 자와 억압된 채 고통당하는 계급으로 갈라놓았다. 카메라는 첫 번째 암전으로 가기 위한 극적효과를 종수의 파주 집으로 설정하고, 이 계급적 위계가 어떻게 파장하게 되는지를 파편적 이미지의 추상으로 유도하면서 추적한다. 그것이 영화를 모호하게 만드는 또 하나의 이미지 기제다. 이미지의 운동에 주목한 것은 주지하듯이 들뢰즈다. 그는 앙리 베르그손의 개념을 조금 더 난폭하게 해체하고 재구성하는 방식으로, 카메라의 작동 메커니즘을 뿔랑의 차원에서 이해하기 위해, 퍼스의 예를 빌려와 이미지 분류학을 시도한다.('감화-이미지'는 그 분류에서 온 것이다) 여기서 특히 그는 이미지가 물질과 등가성을 지닌 것으로 주장하게 되는데, 그것은 '관념론자가 표상이라고 부른 것 이상의, 실재론자가 사물이라 부른 것보다는 덜한 어떤 존재 — 즉 사물과 표상 사이의 중간에 위치한 존재 — 로' 규정된다. 그런데 '세계에는 단지 이미지인 물질만이 존재할 뿐이다'라는 베르그손을 따라 들뢰즈는 모든 과거 순간들을 거대한 잠재태적 기억으로, 다시 말해 공존하는 잠재태적 과거로 보는데, 이 잠재태적 기억이 오히려 미래로 향하는 지속의 추진력이 된다. 이 메커니즘이 영화의 활동사진(이미지)에 적용될 수 있다. 말하자면 그는 영화적 이미지를 프레임 된 운동 속의 시간으로 간명하게 정의한다. 이 프레임된 이미지가 물질-운동을 다양하게 변주할 때 그 매개로 작동하는 것이 쁠랑이다. 그러니까 몽타주 과정의 세포로 기능하는 것이 바로 쁠랑이다.[14] 이미지의 추상을 기계적 장치로 변환하는 중심에 쁠랑이 있다. 화면의 변화를 미시적으로 느끼고 추상하고 연결하고 절단하며 종합하는 매개과정에서 영화는 궁극적으로 자신의 정체성을 드러내고 또 그것을 이월하는 무한 잠재성을 누적하게 된다. 그리고 그것은 영화적 모호성을 미적으로 승화할 수 있는 모멘텀으로 기능한다. 영화가 개념을 창안하는 예술로 나아가는 순간인 것이다. 〈버닝〉이 영화 전체의 흐름에서 누적되는 모호한 이미지의 변주로 들끓는 것을 그래서 우리는 '이미지-운동'의 차원에서 주목하지 않을 수 없다. 종수의 집 마당에서 셋은 넘어가는 해를 바라보며 와인을 마시던 중 벤이 "나 지금 떨하고 싶은데 같이 할래요?"라고 하자 종수가 반문한다. 종수는 아직 대마초의 은어를 모르고 있는 상태다. 그것은 튀기 벤의 계급이 일상으로 하는 대마초를 그는 어떤 이유로 할 수 없다는 것으로 유추된다. 분단체제하 자본계급은 모든 것을 철저하게 차별화하고 유린한다. 그때 해미가 '나 그거하면 자꾸 웃음이 난다'고 말하는데 그것은 그녀가 이미 벤의 덫에 깊이 걸려들었다는 심증을 종수의 내면에 누적하는 표지이다. 몇 차례 흡입이 반복되고 벤이 차에서 오디오를 틀자 해미가 그 리듬에 반응하며 땅거미가 내리는 박명을 배경으로 옷을 벗고 춤을 추기 시작한다. 그것은 그녀가 칼라하리 사막 케냐의 한 부족에게 배운 것이다. 그녀의 표정은 엑스터시 상태에서 슬픔과 고통으로 바뀌기 시작하는데, 느린 동작으로 춤을 추면서 그녀가 눈물짓는 장면에 이르러 음악이 끝나고 완전히 어두워진 후의 배경과 절묘하게 어울려 기묘한 감정이 연출된다. 카메라는 그런 그녀의 실루엣을 이탈하여 한참 동안 박명으로 접어든 들판을 서서히 줌인하면서 어슴푸레한 들녘에 점점이 박혀있는 가로등, 길이 끝나는 소실점 건너 불빛을 쏘며 사라지는 자동차 소리, 나뭇가지를 흔드는 바람, 보일 듯 말 듯한 황혼의 서정 이미지들을 천천히 포획하면서 나아간다. 장면의 나열은 이미 충분히 고조된 상황의 절정을 관통하는 화살처럼 어떤 감정의 변주를 위한 것이다. 엑스터시가 끝난 후 화면은 종수가 벤에게 거의 '고해성사'를 하는 장면으로 이동하는데, 벤과 종수의 위치는 그

봉인된 시간

때 넘볼 수 없는 위계관계로 바뀐다. 그가 그의 부친을 미워하는 것은 분노조절장애 때문이었으며, 그의 엄마가 남매를 두고 집을 나간 이유도 그 때문이다. 그러니까 분노가 종수의 가족 해체를 촉발한 원인이 되고 있는 것이다. 그러나 아버지의 분노는 정확하게 남한 사회가 축적한 분단체제와 그 기생 기제인 분단자본주의의 프레임으로부터 파생한 것이다. 종수는 다시 엄마가 가출한 날 자신을 시켜 엄마의 옷을 태워버리라고 했다고 실토하자 벤이 재미있다는 듯 "난 가끔 비닐하우스를 태워요"라고 주요한 비밀 하나를 종수에게 던져준다.('태운다'는 동사를 축으로 사건이 맥락화되는 이 시퀀스에서 우리는 감독의 문학적 유희와 영화적 깊이를 헤아린다) 그는 두 달에 한 번꼴로 그냥 취미로 비닐하우스를 태운다. '한국에는 태워주기를 바라는 비닐하우스가(이 표현은 알레고리다) 너무 많은데, 태울 때마다 뼛속까지 울리는 베이스를 느낀다'고 말하면서 벤이 히히덕거리자, 최근에 태운 건 언제냐고 조급하게 묻는 종수를 향해 벤은 아프리카 여행 전에 태웠으니까 두 달은 됐으며, 이제 다시 태울 시간이 되었다고 너스레를 떤다. 그런 그를 향해 더 강박적으로 종수가 그럼 태울 비닐하우스는 정해졌냐고 묻자, 그렇다고 말하며 "이번에는 아주 더 재밌을" 것 같은데, 사실 오늘 여기 온 것은 그것을 위한 사전 답사였다는 의미심장한 발언을 한다. 어떤 강박에 사로잡힌 종수가 "그럼 여기서 가까운 곳에 있어요"라고 묻자 "아주 아주 가까운 곳에 있다"고 벤이 유쾌하게 받는다(이 대목에서 우리는 종수가 이미 벤이 비닐하우스와 함께 해미를 오늘 불태울지 모른다는 거대한 강박에 사로잡혀 있다고 추측해도 좋다). 잠깐 침묵이 흐른 후 이제 종수는 거의 지푸라기라도 잡는 아이의 표정으로(그러나 둘의 표정은 화면에 정확하게 잡히지 않는다. 이미 충분히 어둠이 짙어졌기 때문이다) "나는 해미를 사랑하고 있어요(그러니 제발 그녀를 살려달라고 애원하는 투로)"라며 울먹인다. 그러자 벤이 느긋하게 '딸'을 하며 히죽거리자, 이번에는 거의 강력한 반동으로 그런 그를 향해 "씨발 나는 해미를 사랑한다고"라고 강하게(그러나 거의 절규에 가까운 목소리로) 어필한다. 벤이 그런 그를 무시하며 다시 더 큰 소리로 낄낄거리는데, 해미가 방에서 나오자 — 벤이 차를 돌리는 사이 — 종수가 해미에게 다가가 "너 왜 남자들 앞에서 옷을 그렇게 잘벗어, 창녀나 옷을 그렇게 벗는 거야"라고 주문처럼 (그러나 경고에 가깝게) 속삭인다. 해미는 갑자기 표정을 바꿔(여기서 종수와 해미의 결정적 차이가 발생한다. 해미는 그 행위가 자신이 그토록

봉인된 시간

욕망하던 그레이트 헝거춤의 완성이었지만, 종수는 그것이 오히려 벤의 먹잇감으로 인식될 것이라는 초조와 불안으로 내면화된다) 벤의 포르 쉐에 오르고, 그의 그 말은 그녀로 하여금 종수에게 완전하게 결별을 의미하는 최후의 기표로 남는다. 그녀는 화면 밖으로 사라진다. 벤과 해미가 떠난 후 영화는 갑자기 어두운 밤 불타는 비닐하우스를 바라보는 소년의 숏을 기입함으로써, 해미의 사라짐이 불타는 비닐하우스와 어떤 맥락을 띠게 될지 의혹을 더욱 증폭하게 된다.

이후 영화는 태운 비닐하우스 흔적을 추적하는 종수의 불안과 강박을 반복적으로 추적한다. 영화는 첫 번째 암전의 앞에 이 영화가 보여주고자 하는 애매성의 최상위 이미지를 통해 드러나지 않는 힘의 잠재태로서의 아펙투스의[15] 한 양태를 표현한다. 해미의 엑스터시 춤은 그녀가 곱창집에서 이미 시사했던 그녀의 사라짐을 위한 해원의 살풀이와 등가이다. 그리고 그것은 그녀와 에로스적 긴장 관계에 있는 종수의 엑스터시를 예고하는 엔트로피의 팽창을 은유한다. 암전과 함께 등장하는 한 파편적 이미지에서 카메라는 불타고 있는 비닐하우스를 향해 웃통을 벗고 다가가고 있는 종수를 클로즈업한다. 그것은 타고 있는 불길의 크기와 함께 무표정의 얼굴로부터 어떤 환희로 이어지는 짧은 시간의 변주를 담고 있다. 스피노자에게 감정은 느낌이나 그 속에 담긴 사유의 질을 표현하기 위한 리비도의 외화된 활동이다. 갑자기 기입된 불타는 비닐하우스 숏에서 카메라가 소년의 얼굴을 클로즈업할 때 독자(관객)는 순간의 추상에 몰입한다. '얼굴성visagéité'으로 특징되는 클로즈업은 정동-이미지를 구성하는 핵심적 요소 중 하나다. "부동화된 신경판위에서 일어나는 일련의 미세한 움직임"들을[16] 얼굴은 클로즈업을 통해 정확하게 포획한다. 그러나 한편 클로즈업은 우리가 원하는 이미지를 더 자세히 관찰하기 위해 다가가거나 확대해서 보는 행위가 아니다. 불타는 비닐하우스에 정면으로 마주선 소년의 근접 미디엄 숏에서 얼굴의 표정을 클로즈업해도 전체적인 감상의 변화는 기대하기 어려울 가능성이 크다. 영화에서 클로즈업의 더 근원적인 이유는 사실 우리가 바라보는 화면 이미지의 모든 것을 소거하는 차원의 질적 도약, 즉 '운동의 돌연변이'(들뢰즈)를 위한 것이다. "미소짓는 고양이로부터 미소를 추상하는" 것처럼 클로즈업은 내적인 경험이 어떤 추상으로 귀결되는 과정을 통해 감정의 힘 혹은 그 질에서 나오는 신체의 표정의 변이/변용을 궁극적으로 포획한다. 애매성이 극대화된 한 형태로서의 해미의 춤은 그녀의 응축된 감정의 변화가 이끌어낸 신체의 활동을 통해 영화 전체를 향한 변곡점을 만들어낸다. 모호성을 증폭시키는 매개가 그것이다. 그런데 그 활동은 감독이 장치한 박명으로 인해 일차적으로 독자(관객)의 추상으로만 잔존한다. 이 모호한 영역의 경계를 완성함으로써 영화는 해미의 결핍으로 집적된 환유적 욕망을 모호성이 산재한 미완의 형태로 봉합하게 되는 것이다. 그러니까 두 개의 암전은 정동—이미지image-affection가 리트머스화하여 영화적 완성을 향해 나아가는 지배소로 기능한다. 영화 전체의 흐름에서 해미의 의미의 완성은(사라짐) 그래서 끝이 아니라 다시 처음으로 회항하는 모호성을 잉태하게 되는데 이 영화가 지닌 변별성이 있다. 해미의 사라짐은 종수의 결핍 욕망을 전면적으로 자극한다. 자극의 강도가 커지면 그러할수록 부재하는 해미에 대한 종수의 집착 강도 역시 폭증하게 되는 것이다.

〈버닝〉을 지배하는 것은 애매성이다. 해미, 고양이, 어쿠스틱 사운드, 필터효과인지 자연상태인지 분간하기 힘든 배경 숏들, 쉽게 판단하기 어려운 인물들의 성격, 무엇을 말하는지(보여주는지) 불분명한 스토리 라인은 이 영화를 특징짓는 핵심적 정조를 이룬다. 영화는 도입부에서 배달 알바 '종수'와 나레이터 모델 '해미'의 쁠랑을 속절없이 배치한다. 들뢰즈의 목소리를 빌리면 쁠랑이 문제인 것은 영화의 본질과 관계한다. 그것이 애매성을 처리하는 '이미지-운동'을 긴밀하게 매개-지속하는 힘이기 때문이다.[17] 최초에 쁠랑은 프랑스 초기 무성영화에서 발아해 쁠랑 무아앵plan moyen(미디엄 숏), 쁠랑 당상블plan d'ensemble(롱 숏)에서 확인되듯, 공간적 거리 개념에 국한해 사용했다. 그러나 '운동의 통일'로 재개념화되면서 공간적 거리와 시간적 연속성으로서의 이중적 의미를 내포한 이것은, 분할할 수 없는 질적인 다양체로서 운동의 성격을 특징짓는 복합개념으로 나아가게 된다. 쁠랑은 '이중의 양상으로 고려된 운동'이다.[18] 이미지 운동의 '지속에서 그 자체를 변형시키는 전체의 변화'이자 '집합의 프레임화와 전체의 몽타주 사이의 매개체'의 기능을 함으로써 쁠랑은 들뢰즈가 개념화한 운동-이미지 그 자체이자, 이미지 안에서 집합을 구성하는 물체, 부분, 양상, 차원, 거리 각각의 물체들의 위치를 끊임없이 변주시키는 매개 역할을 하게 된다. 사실 영화는 서두의 몽타주 숏에서 이미 소진된 인간으로서의 시대적 위계를 다 암시해주고 있다. 동시대 '배달의 민족'에는 두 개의 알레고리가 혼재하고 있다. 그것은 시대의 희화화이다. 동일한 음가를 지닌 배달倍達의 성스러움은 배달配達을 통해 이 시대를 특징짓는 소진된 삶의 알레고리로 수렴된다. 택배 물품을 어깨에 진 종수의 이미지컷과 나레이터 모델로 춤추고 있는 해미의 클로즈업에서 관객의 시선은 우리시대의 표정을 읽는다. 시방 남한 사회를 지배하는 주요한 일상의 목록은 온갖 배달의 메커니즘으로 리좀화된 착취의 사슬이다. 그 착취의 사슬에 구속된 두 인물은 분단의 고통이 일상화된 공간 파주를 과거로 간직한 이유로 느슨하게 공통분모화 된다. 해미의 거의 도발적 유혹 속에 종수는 그가 뽑기로 받은 싸구려 시계를 해미에게 건네주고, 저녁 약속을 허락하며, 마침내 그가 소설을 쓰는 작가가 되기로 결심한 결정적 사연을 토로한다. 바틀비의 경우도 그러했지만, 작가가 된다는 것은 자신의 시대와 삶을 관찰하고 분석하며 증언하겠다는 주체적 자유의지의 표현이라는 점에서 중요한 의미를 갖는다. 다시 말해 감독은 조급하게(?) 이미 여기서 영화 전체의 메시지를 다 암시해주었다. 그것은 그의 소설쓰기 방법에서 차용한 것처럼 보이기도 하는데, 여기에는 알레고리가 작동하고 있다. 그러니까 그는 이제 다시 영화를 그의 소설쓰기 방식으로 강력하게 유인하려는 욕망으로 들끓는다. 그 욕망의 리비도가 이 영화에 생명을 불어넣는 동력이다. 해미가 종수에게 여러 형태로 수작을 부리는 다양한 퍼포먼스, 가령, 판토마임이나 아프리카 여행, 술집에서의 어투 — 귤이 먹고 싶다고 느낄 때 언제든지 귤을 먹을 수 있다는 판토마임, 아프리카 칼라하리 사막 부시맨의 헝거춤, 여행 동안 고양이 밥을 부탁하는 것, 불연속적으로 울려대는 전화벨소리 — 등에서 묻어나오는 모호성은 이 영화 전체를 지탱하는 주요한 기율이 된다. 그것은 이 영화가 이미지로 보여줄 수 있는 애매성의 극대치를 위해 도입한 디바이스다. 해미가 아프리카로 여행 간 동안 부탁한 고양이 밥을 주기 위해 해미의 원룸에 들른 종수는 거기서 수음을 하게 되는데, 반면 고양이의 존재는 확인되지 않는다. 그러니까 이 메커니즘에는 고도의 결핍된 욕망의 작동이 내재돼 있다. 해미의 일시적 부재와 고양이의 은폐에 상승하여 더욱 강렬하게 욕망하는 종수의 수음 사이에는 이 영화를 지속시키는 주요한 감정의 문법이 있다. 모호한 형태로 교차하는 감정과 현실의 대립은 아프리카 케냐 여행을 마치고 돌아온 공항에 해미를 마중 나가 최초로 맞닥뜨린 '벤'의 개입에서 구체화되기 시작한다. 그는 그녀가 여행 중 사귄 남자다. 벤의 개입은 이 영화를 모호성의 영역으로 안내하는 가장 극적인 기제가 된다. 그것은 이후 영화의 구도를 벤과 종수의 긴장과 대결로 명증하게 만들기 때문이다. 그들의 대결을 단순화시킨 것처럼 보이게 한 것은 이 영화의 가장 큰 한계다. 가령, 곱창집에서 벤이 "사람이 눈물을 흘리는게 신기"하다고 말하는 에피소드, 해미가 사라진 후 종수의 벤에 대한 감시와 추적은, 역으로 벤이 종수와 해미의 일거수일투족을 완전히 장악하여 감시카메라 같은 괴물이 돼가게 하는 듯한 인상을 주는데, 종수의 불가능한 꿈을 벤과 극적으로 대조하기 위한 것이라고 변명하기엔 궁색한 문제로 남는다. 이를 보완하는 것이 모호성이다. 모호성의 집적이 캐릭터에 대한 기계적 단순성, 계급적 대결을 위한 단순화를 비껴가게 하는 장치로 기능한다. 러닝타임 1:01:24초를 남긴 시점의 한 숏에서 종수의 핸드폰에 입력된 신해미에 보내는 전화시그널 장면이 등장하는데, 수신되지는 않는다. 불길한 징조의 누적은 종수의 강박을 증폭시킨다. 그 증폭에 더해지는 것이 모호한 상황의 변주다. 해미의 원룸은 도어록 번호가 이미 바뀌어 있으며, 방 안은 깨끗

하게 정리된 채 여행 가방은 그대로 있지만, 고양이와 그 밥
그릇은 또 부재한다. 종수의 불안과 강박은 서서히 벤과의
대결구도로 단순화된다. 첫 번째 추적 후 미팅에서 종수의
시선은 벤이 읽고 있는 윌리엄 포크너의 소설에 머문다.(그
것은 벤에게 그의 의중을 들켰을지 모른다는 심증을 준다) 종수가 비
닐하우스를 태웠냐고 묻자 벤은 깨끗하게 태웠다고 말한다.
이에 종수는 "이상하네 그날 이후 내가 매일같이 확인했었
는데 태운 비닐하우스는 본 적이 없"었다고 중얼거리자, 벤
이 어눌한 어투로 "그럴 수 있죠. 너무 가까워서 놓쳤을 거예
요"라고 말한다. 이 모호한 컨텍스트에는 해미도 그렇게 했
을지 모른다는 추측과 함께 종수의 불안과 초조를 에스컬레
이트시키는 함의가 있다. 종수의 강박은 더 증폭돼 해미 모
친의 분식집까지 추적하게 되는데, 거기서 그가 관심하는
것은 모호한 우물의 존재 여부를 통해 맥락화되는 해미의 실
존 여부에 대한 우회적 정보 탐색이다. 그는 이제 파주에서
반포까지 이어지는 긴 시간과 공간을 그의 고물 타이탄 트럭
을 끌고 왕복하는 것이 일상화된다. 수회 반복되는 벤에 대
한 추적과 미팅에서 종수는 어떤 강박으로 이어지는 확신을
신념화하는 방향으로 선회한다. 그 과정에 몇 개의 반복 모

티브와 모호한 소품의 배치가 있다. 일과 놀이가 구분되지 않는 벤의 이동을 추적하는 것은 종수로서는 거의 불가능한 일이다. 그가 회원제 헬스클럽, 성당, 고급식당에서의 가족 오찬, 타이탄과 대조되는 포르쉐, 야외 드라이브를 추적하다 다다른 호수(호수를 응시하는 벤과 그 벤을 감시하는 종수의 표정에서 우리는 벤이 해미를 그 호수에 수장했을지 모른다는 추측을 해볼 수 있다), 한 번도 본 적이 없던 고양이를 벤의 집에서 확인하게 되는 것, 해미에게 준 싸구려 시계를 벤의 서랍에서 발견한 것 등은 두 사람 사이의 계급적 위계를 더 명증하게 하는 것과 더불어 모호함을 가중시킨다. 종수가 벤을 추적하면 그러할수록 거기에 비례해 종수의 엔트로피는 증가한다. 그것은 종수의 위기를 의미한다. 우리는 두 번째 암전의 전후 엔딩시퀀스에서 종수의 위기가 결과한 끝을 볼 수 있다. 그것은 그동안 그가 벤에게 집적해왔던 시기, 질투, 불안, 초조, 분노와 강박을 그의 주체적 의지로 표현한 엑스터시다. 그렇다는 점에서 그의 퍼포먼스는 해미의 헝거춤과 동일한 위계에 있다. 그의 짧은 생을 망친 원인이 되었던 아버지의 분노조절장애는 고스란히 다시 그의 몫이 되어 자신에게 돌아온다. 그는 그의 부친이 창고 캐비닛에 은밀하게 간직하고 있던 칼들 중 하나로 벤을 향해 돌진한다. 그가 비수를 필사적으로 거부하는 튀기 벤의 심장에 두 번이나 꽂아 넣은 후 그와 관계된 모든 것을 불태우는 시퀀스에서, 카메라는 실오라기 하나 걸치지 않은 종수의 신체를 완전하게 포획한다. 거기서 그의 삶은 마침내 완전한 끝을 향해 있다. 어쿠스틱 사운드가 미명의 들판을 가득 채우며 암전을 향해 간다. 두 번째 '탈영토화'를[19] 실현하는 순간인 것이다.

소진된 인간

사서우편물dead letter계의 하급직원이라는 특이한 직업이 이미 운명 전체를 암시하고 있는 듯한 '바틀비'는 뉴욕 월가의 야망 없는 변호사 사무실 필경사로 막 고용된 노동자다. 그는 처음 며칠 동안은 마치 오랫동안 굶주린 것처럼 문서로 배를 채우는 듯 잠시 멈추는 법도 없이 낮에는 햇빛 아래 밤에는 촛불을 밝히고 묵묵히 창백한 안색을 한 채 기계적으로 필사한다. 그러나 그의 노동은 어떤 불길한 전조를 띠고 있다. 사흘째 되는 날 그는 변호사의 부탁(/지시)에 그의 직장이자 동시에 은둔처에서 상냥하면서 단호한 목소리로 "안 하는 편을 택하겠습니다"라고 생경한 어법으로 반응한다. 변호사는 당황한다. 이 상투어는 그가 스스로 자신의 생을 끝장내는 순간까지 반복 되풀이되고 있는데, 그것은 대체로 10개의 중심상황으로 압축된다. 거기서 상투어 각각의 상황은 "모든 것을 철저히 유린하고 황폐하게 만들며 자기 뒤에 아무것도 살려두지 않는다. 한마디로 바틀비는 타인들의 언어를 우회한다. 긍정도 부정도 아닌 그의 상투어는 거부하지도 않을 뿐만 아니라 인정하지도 않는다. 상투어는 자신이 영향을 끼치며 그 자신 인정치 않는 용어를, 또한 자신이 간직하고 있는 것처럼 보였으나 불가능하게 된 또 다른 용어를 파괴한다. 상투어는 선호 받지 못한 활동들과 더 나은 활동들 사이에서 쉴 새 없이 증가하는 식별불능과 불명확의 지대를 파고든다. 바틀비는 존속의 권리, 즉 꽉 막힌 벽을 마주 보고 꼼짝 않고 서 있을 권리를 획득한다. 참을성 있는 순수한 수동성인 것이다. 존재로서의 존재, 그 이상 아무것도 아니다. 사람들은 그가 "예" 아니면 "아니오"라고 말하도록 그에게 다그친다. 하지만 그가 "아니오"라고 말한다면, 만일 그가 "예"라고 말한다면 그는 재빨리 패배할 것이며, 무용한 존재로 판단될 것이다. 또 한 그는 거기서 더이상 살아남지 못할 것이다. 긴 시간을 두고 모든 사람을 사로잡고 있는 어떤 불안감 속을 맴돌면서만이 그는 살아남을 수"[20] 있었다. 마치 간디의 비타협, 비폭력, 불복종을 실존적으로 수행한 것처럼 보이는 그는 소진됨으로써만 자신의 존재증명인 실존의 혁명으로서의 내재적 초월을 성취할 수 있었다. 동시대와의 대결에서 완전한 끝장을 본 종수는 소진된 인간이 됨으로써만 자신의 존재증명을 부여받는다. 그것은 '무無로 향하는' 어떤 것이다. 일말의 가능성도 남아 있지 않다는 점에서 종수의 무로 향하는 시간은 절망적이다.

그리고 아직 해소되지 않은 중요한 화두가 있다. 영화는 암전 이후의 시간을 어떻게 구성할 수 있을지에 대한 강렬한 여운을 남긴다. 가족 해체는 〈버닝〉 전체를 통어하는 은폐된 지배소다. 사회와 시대로부터 철저하게 유린당하고 패배한 아버지 때문에 해체된 종수의 비루한 현실은 비정규직 배달 알바로 당장 끼니를 걱정해야 하는 실존이다. 젊은 시절 중동까지 나가 돈을 벌어온 성실한 가장이었지만(통념적으로 그는 마땅히 성공했어야 한다), 누적된 시대와의 불화로 인해 육우 한 마리만 남긴 채 지금은 형 집행으로 감옥에 있

봉인된 시간

는 아버지, 이미 7살 때 가출해버린 엄마, 시집갔지만 연락조차 두절 된 누나는 종수의 가족 해체가 말해주는 우리 시대의 기표다. 해미 역시 부재하는 아버지 대신 분식집 운영으로 겨우 입에 풀칠을 하는 엄마와 누나, 이미 엄마의 카드를 몰래 쓰다 발각된 연체 빚 때문에 쫓겨난 상태로 자신의 카드 빚까지 이중으로 짓눌려 파산 상태인 그녀는 나레이터 모델로 겨우 연명하는 비정규직 알바 인생이다. 이와 대조적으로 스스로 선택한 독신 가구로 살아가는 벤은 둘과 완전히 차별화된, 가족과 튼튼하고 다감한 연대의 끈을 유지하는 유일한 인물이다. 그것은 분단체제에서 발아하고 기생하면서 번식한 자본의 메커니즘이 가족 구성까지를 통제한다는 것을 은유한다. 그러니까 이 시대 가족의 해체는 남한 사회를 특징짓는 가장 주요한 화두이다. 그것은 분단자본주의가 결과한 계급의 분화과정에서 고착화된 새로운 패밀리 시스템이다. 남한 사회의 주류를 형성한 것은 강요된 해체 형식으로서의 1인 가구다. 말하자면 종수와 해미는 그 일인 가구를 상징적으로 시위하는 인물이다. 영화는 사실 여기서 끝이 난다. 그러나 우리는 종수의 현재가 성실하고 정직하게 살아온 아버지의 실존적 역사 때문이라는(화면의 흐름에서 변호사 친구의 언술을 통해 우리는 시대의 흐름에 타협하지 않음으로써 종수의 현재가 결과했다는 데 완전히 공감할 수 있다) 사실 앞에 '암전' 이후의 시간으로 시선을 강제하게 된다. 더 긴 시선으로 관찰할 때 우리는 종수의 가족 해체 기원이 주어진 해방으로까지 거슬러 올라간다는 것을 곤혹스럽지만 직감하게 된다. 해방은 엄밀한 의미에서 주어진 그것이었으며, 바로 그것 때문에 우리는 형식적 독립국가와 문화적 식민지 사이에 이중구속돼 있다는 직관에 이른다. 한국전쟁의 부산물인 분단체제는 해방 공간의 짧은 시간 동안 왜곡된 계급적 도그마를 강력하게 배양시켜, 전쟁을 거치면서 완전한 하나의 특별한 체제로 고착화하는 데 성공한다. 그 결과 분단체제는 한국 사회를 실질적으로 지배하는 일상의 이데올로기로 작동한다. 병영국가주의와 분단자본주의가 잔여적 식민주의자들에 의해 분단체제 지속을 위한 두 축으로 완강하게 형성되었다. 그러니까 분단체제는 유사 파시즘 형태를 띤 병영국가주의를 통해 인민을 노예 상태로 예속함으로써 권력써클을 고착화하는 데 일정하게 성공했다. 이 과정에 도입된 국가자본주의가 부패와 부조리 문화를 전면화하는 데 기능했다. 한국적 자본주의의 특수성을 내재하고 있는 분단자본주의는 분단체제에 기생해서만 그 기능을 온전히 유지할 수 있는 특수한 모델이다. 문제는 그러므로 이 기형적인 자본이다. 최장집은 분단체제가 누적돼 고착화된 이 변화를 '민주화 이후 한국사회가 질적으로 나빠졌다'는 다소 고상한 레토릭으로 기술하면서, 그 원인을 '냉전 반공주의가 지배하는 보수와 극우만을 대표하는 정치적 대표체제', 정치혐오가 가장 큰 요인으로 작용했을 '낮은 투표율과 그로 인한 참여의 위기', '계급구조의 심화와 중산층의 급격한 해체', '교육의 자본종속으로 인한 기회의 불평등화', 대학을 포함한 '광범위한 지식인의 타락과 보수화' 등에서 찾는다. 보수와 극우를 위한 사회로의 고착화는 부동산 투기와 금융자본의 조작에 의한 부의 편재를 부채질하는 '노동 없는 사회'를 가속화했으며(튀기 벤은 이를 상징하는 인물이다), 정치혐오와 사회혐오를 극대화하여 한국사회 전체를 타락시키는 요인으로 결과했다. 그리고 이를 확대 재생산하고 지속시키는 데 결정적 역할을 한 것은 '기레기'로 더 회자되고 있는 언론과 미디어, 대학을 중심으로 광범위하게 카르텔을 형성한 아류 기생적 지식이다. 단단하게 사슬을 형성한 계급 구조는 어떤 극약 처방도 불가능하게 만들었다. 그것은 종말론의 소환을 독버

섯처럼 맹아하고 있는 것처럼 보인다. 예견했기 때문일까. 지금 이 땅에는 온갖 유사 종교의 유혹으로 범람하고 있다.

〈버닝〉의 엔딩 크레딧 후 암전 동안 달팽이관을 두 바퀴 반이나 진동하고 돌아 나온 모그의 어쿠스틱 리듬에는 종수의 열망과 좌절의 감정이 고스란히 집적돼 있다. 종수의 살인 퍼포먼스가 보여준 '비극적 황홀'은 이 시대 순수가 행할 수 있는 '무희망성의 희망'인 것처럼 어떤 아름다움으로 가득한 채, 이미 충분히 소진된 공간 속에서 달팽이관을 길게 진동한다. 그런데 바로 그 리토르넬로가 이 영화가 도달한 탈영토화의 비밀을 말해주는 한 표지이다.

봉인된 시간

〈시〉와 유령

기억 앞의 무한한 책임

자크 데리다

'유령'

시의 키치로 범람하고 있다. 그만큼의 키치 시인이 있을 것이다. 화면에서 '미자'는 유사한 키치의 피가 흐르고 있다. 동네 아저씨가 "야릇한 시선으로 노래방 마이크를 잡고 있는 미자를 향해 히야카시를 할 때",[21] 그 판단은 전혀 선정적 수사가 아니다. 이 속물적 삶과 행태(들)로부터 미자는 어떻게 단절하고 마침내 시인이 되어 가는가. 흡사 그것은 댄디였던 마르셀(마르셀 프루스트)이 음습한 골방에서 천식을 감싸 안은 채 서서히 다가오는 죽음에 직면하여 단 하나의 위대한 고전이 되었던 '잃어버린 시간'(『잃어버린 시간을 찾아서』)을 완성해 가는 과정과 닮아있다. 미시적으로 들여다보면 미자에게 진성 시인이 될 가능성은 낮았던 것처럼 보인다. 그녀는 젊은 시절 좀 놀아본 여자였으며 그만큼 치장을 좋아하고 현재는 들꽃 향기를 찾아나서는 소녀 취향의 초로이다. 미자의 시인되기 과정에는 역설적이게도 이 사회와 시대를 특징짓는 거친 삶의 리듬과 이창동식의 투박한 페르조나가 겹쳐 있다. 우리는 그것 때문에 이 텍스트를 좋은 영화라고 판단할 수 있을지를 유보하게 된다. 영화의 화면은 거친 입자처럼 성글고, 화면의 흐름은 칙칙하며, 마침내 키치(대중적인)로서의 영화의 본업을 일탈한다. 그 대신 이 영화는 한국영화에서는 보기 드문 '시'를 다룬다. 시는 한국(대중)문화에선 거의 낯선 장르이다. 그것을 가장 정면으로 인식한 모더니스트가 김수영이었다. 그의 시적 시간은 한국사회와 문화의 거의 모든 터부와 온몸으로 싸워야 하는 그것이었다. 이 땅에서 시를 말한다는 것은 그러므로 우리 삶을 싸고 있는 질곡들과 대결해야 하는 자발적 절망과 고통을 의미한다.

'미자'는 곧 지워져 갈 기억의 공포에 직면해 있다. 그것은 생존을 위협하는 치명적 고통이자 마침내 사라짐(죽음)의 다른 호명이기도 하다. 미자에게 시는 기억의 지워짐, 죽음에 저항할 수 있는 유일하고 절대적인 노동이다. 그러나 역설적이게도 미자의 시인되기 과정에는 상황이 만든 현실과 대결해야 하는 고통과, 죽음에 저항하면서 동시에 죽음을 향해 나아가는 '내재적 초월'이 동시에 존재한다. 미자의 언어가 기억을 소환하고 죽음에 저항하기 위해 시를 택한 것은 아니었을 것이다. 그러나 텍스트 안에서 시는 언어의 한계와 대결함으로써 새로운 지평을 향해 나아간다. 죽음과 삶을 동시에 거머쥘 수 있다는 믿음에서 출발하는 한 시인은 언어의 욕망을 초과할 수 있다. 시가 '불립문자'가 될 수도 있는 이유이다. 노자의 언어가 이미 이를 증언한 바 있다. 노자 언어의 깊이를 향해 나아갈 때 우리를 당황하게 하는 것은 "도는 텅 비어 있되 아무리 써도 궁함이 없다"(4장) 혹은 "도를 개념화하게 되면 그 순간 도는 본래 의미를 상실한다"(1장)와[22] 같은 지문에서 엿보게 되는, 데리다가 '규칙의 판단 중지'라고 언명하면서 궁극적으로 '결정 불가능한 것의 유령'으로 지칭하는 길-없음의 아포리아 상태와 유사한 상황으로 빠뜨리게 한다는 점이다. 가령, 노자 21장에서 엿보게 되는 잠재적 형태로서의 물질, 나아가 세계현상과 그것을 싸고 있는 에너지의 관계를 점묘하고 있는 대목은 데리다의 사유를 포괄하면서 겹친다. 이 장의 지배소는 '요혜명혜 기중유정'으로 보인다. 이는 무엇이 되기 바로 전의 가장 강력한 에너지 상태로, 어떤 경계의 사이에 있으며, '몸체이자 사회체이고 정치이자 실험인, 자신을 정점을 향해 가게 하지도 않고 외적인 종결에 의해 중단되게 하지도 않는 그런 방식으로 구성되는 연속적인 강렬함의, 베이트슨이 고원이라고 부른'[23] '알'의 상태에 비견된다. 그렇기 때문에 성현영은 '없는 듯 있고, 있는 듯 없으며, 없지 않으면서 없고, 없으면서 없지 않으니, 있고 없음이 정해지지 않았으므로 황홀'하다는 주석을 제출한 바 있다. 이것이 노자 '도'의 주요한 모습으로, 더 정확하게 말해 노자의 도는 데리다의 목소리로 환원하면 '차연'의 화법으로 구축한 시대의 아포리아다. 아포리아는 데리다의 초기 개념인 접목, 상감, 대리보충의 시대적 확장개념이다. 이를 종합하면 사태의 양극단이 표상하는 모순을 껴안고 그 모순의 상태를 지속할 수 있는 잠재적 에너지를 표상한다. 사태의 아포리아를 궁극적으로 노린다는 점에서 노자의 언어구성과 같이 데리다의 유령은[24] 이중구속된 언어다. 이중구속의 상황과 언어는 결정불가능한 유령의 상태, 다시 말해 카오스의 상태 속에 우리를 가둔다. 데리다는 이와 관련하여 "결정불가능한 것은 계산 가능한 것과 규칙의 질서에 낯설고 이질적이지만, 그럼에도 불구하고 법과 규칙을 고려하면서 불가능한 결정에 스스로를 맡겨야 하는 것의 경험"이라고 정의한 바 있다. 그러면서 "결정불가능한 것의 시험을 통과하지 않는 결정은 자유로운 결정이 아니며, 이것은 프로그램될 수 있는 적용이거나 계산가능한 과정의 연속일 뿐이다. 이는 적법할 수는 있겠지만, 정의롭지는 않"다고 주장한다. 궁극적으로 "결정 불가능한 것의 시험은 결코 통과되거나 극복되지" 않는다. 다시 말해 결정불가능한 것은 적어도 '하나의 유령, 하지만 본질적인 유령으로서, 모든 결정, 모든 결정의 사건에 포함되어 있고 깃들여 있다. 이것의 유령성은 결정의 정당성, 사실은 결정의 사건 자체를 우리에게 보증하는 모든 확실성, 모든 현전의 안전성 또는 모든 공언된 척도 체계를 내부로부터 해체'한다.

미자의 시인되기는 현전하는 폭력과 그것의 끝인 죽음 앞에 선 자가 감당해야 할 아포리아, 즉 통과할 길을 허락하지 않는, '길-없음'이다. 그런 면에서 미자의 사라짐은 오히려 삶의 정의를 향해 있다. 정의란 아포리아의 경험 없이는 존재하지 않는다. 정의는 그런 점에서 경험할 수 없는 어떤 것의 경험이다. 현실에서 계산되고 규정될 수밖에 없는 법은 그러므로 정의가 아니다. 미자의 언어를 지배하는 아포리아적인 경험은 우리가 어떤 사태에 직면하여, 우리를 완전히 해체함으로써 마침내 해체불가능한 지점까지 도달하게 하는, 유령의 경험에 가담할 것을 주문한다. 영화 〈시〉에서 미자가 처음이자 마지막으로 완성한 「아네스의 노래」는 그러므로 유령의 목소리다. 그녀의 시인되기는 그녀의 아포리아적 경험이 도달한 사태의 한 경지이다.

'시'와 시인되기

영화 전체에서 보면 '미자'는 법의 영역 바깥에 있는 여인이다. 아니 정확하게 말해 법과 정의 경계에 위치한다. 이 땅을 살아가는 대부분 초로의 삶이 그러하듯 미자의 일상을 괴롭히는 가장 큰 적은 경제이다. 화면이 전달해주는 정보에 의지하면 그녀는 경기도 어느 소읍에 위치한 낡고 비좁은 아파트에 중학생 외손자 종욱과 함께 기거하고 있으며, 풍을 맞아 수족을 거의 건사하지 못하는 강 노인의 간병 일로 간신히 연명해가고 있는, 엎친데 덮친 격으로 쉰여섯에 벌써 자신도 치매 진단을 받고 축적된 언어의 기억으로부터 소외되어가고 있는 위태로운 여인이다. 그렇긴 하지만 영화는 미자가 무엇보다 꽃을 좋아하고 그 꽃처럼 꾸미기를 사랑하는 여인이라는 것을 화면의 쁠랑plan 곳곳에 배치한다. 그녀는 그 소읍에서는 돌올한 감성의 소유자다. 그 감성의 꼭지점에 아름다운 것에 대한 무한한 사랑이 있다. 그것이 그녀의 외피를 싸고 있는 소읍의 배경과 환경, 타자와의 관계를 분리시키는 일차적 원인으로 작동하는 것처럼 보인다. 말하자면 그녀는 그 소읍의 타자들로부터 소외된 존재일 가능성을 안고 있다. 그녀는 일거리로 들르는 슈퍼마켓의 주인 여자, 시짓기 교실에서 만나는 여타의 사람들, 심지어 손자 종욱으로부터도 일정 부분 소외되어 있다. 미자가 간병 일을 끝내고 그 집 일층으로 내려와 슈퍼마켓 여자에게 간절하게 말을 건넬 때, 손자 종욱에게 이것저것 대화를 시도할 때, 심지어 시짓기 교실에서 어떤 절실함으로 물음에 다가갈 때 그 메아리는 소음에 묻혀 지워지거나 역겨운 농짓거리와 섞이거나, 시를 지도한다고 하는 김용탁에게서 조차도 어떤 상투성으로 되돌아온다. 우리는 영화가 이미 미자를 어떤 의제로부터 소외된 존재라는 암시를 약정하고 출발하는 듯한 인상을 받는다. 그러니까 그녀의 언어는 '어떤 공동체'로부터 소통되지 못하고 소비될 뿐이다. 소비되는 운명의 언어 앞에서 미자의 노동은 이중으로 소외된다. 적어도 미자가 시인이 되기 이전의 거의 모든 노동 행위는 소비되는 이상의 의미를 지니지 못한다. 그것은 그녀가 보는 세계의 방식이 다르기 때문에 나타나는 필연적 결과일 가능성이 높다. 미자의 치매는 그러니까 이 사태의 맥락에서 유추하면 미자와 이 땅의 현재를 싸고 있는 삶의 척박함에 대한 하나의 알레고리로 작동한다. 시짓기 교실과 그 모임에서 조차도 견딜 수 없어 하는 미자의 내성은 그 알레고리에 대한 몸의 반응 이상도 이하도 아닐 것이다. 영화는 미자의 그런 상태를 단 하나의 초점으로 구성하기 위한 여러 삽화들을 동원한다. 기억의 소실을 의심하다 진단을 위해 들른 병원 한 켠 영안실에서 마주친 죽은 소녀(희진)의 모와 우연히 대면한 미자는, 낡은 보라색 고무신 두 짝을 들고 절규하고 있는 엄마를 따라가는 소녀의 남동생을 강렬한 이미지로 각인한다. 꽃다운 중학생이었던 소녀는 같은 학교 남학생들의 성폭행으로 고통받다 자살했다. 성폭행은 처음 두 명으로 시작해, 다른 4명이 가세하면서 거의 6개월 동안 학교 내 과학실습실에서 조직적으로 행해진 것으로 밝혀진다. 이후 영화는 미자의 시선을 따라 이 사건이 봉합되는 시간까지 두 개의 축으로 진행된다. 하나는 그녀의 시짓기 훈련과정이며, 다른 하나는 성폭력이 결과한 파장의 진폭을 조율하는 시간과 공간이 그것이다. 그러나 엄격히 말해 두 개의 에피소드는 동전의 양면처럼 다른 하나로, 말하자면

봉인된 시간

리좀적 사슬을 이루고 있다. 미자가 소녀의 죽음을 향해 깊숙이 나아가는 과정에 외손자 종욱이 있다. 그는 미자와 터놓고 욕을 할 정도로 허물없는 사이지만 역시 결혼에 실패하고 지금은 부산에서 제 입에 풀칠이나 하며 겨우 살아가고 있는 딸이 맡겨놓은 유일한 피붙이다. 이 땅의 대부분 모성이 그러하듯 미자는 그 종욱을 향해 말할 수 없는 애정과 정성을 기울이지만, 노력의 대부분은 빗나가거나 왜곡된다. 그렇기 때문이기도 하겠지만 미자가 종욱을 향해 시도하는 대화는 거의 대부분 실패한다. 말하자면 미자는 종욱으로부터 소외되어 있다. 이 일차적 소외가 내면화되고 부풀어 어떤 지점에서 저항의 형식으로 혹은 그 변곡점에서 심미적 형식으로 작동한 것이 주민문화교실의 시 짓기 과정 입문이다. 미자의 시짓기는 그러니까 그녀가 거의 모든 대화로부터 소외되어가는 시간과, 또 그녀의 몸의 기억으로부터 소외되어가는 시간과 함께 있다. 시의 언어가 그녀의 기억의 소실을 막을 방법은 없을 것이다. 그러나 우리는 여기서 미자의 시인되기를 촉발한 계기가 이 영화의 깊이를 가름하는 척도가 되고 있음을 직감할 수 있다. 종욱으로부터 혹은 다른 공동체로부터의 일상의 소외와 기억으로부터의 근본적 소외에 직면하여 미자가 선택한 시인되기는, 도래할 사태인 종욱의 성폭력사건 앞에 직면하게 될 미자에게는, 그것을 돌파할 유일한 삶의 동기가 될 수도 있는 것이다. 말하자면 미자의 시인되기 과정을 면밀하게 추적해보면 우연의 필연이라고 할 절박함이 있는 것처럼 보인다. 그녀의 시인되기 과정은 그러니까 우리 눈에는 거의 보이지 않는 힘에 의해 지배당하고 있는 그녀의 내재적 리듬을 통해 진행되는 것처럼 보인다. 리듬은 일차적으로 음악적인 것의 기계적 고정성으로부터 오는 것처럼 보이지만, 실은 삶의 환경과 함께 하는 카오스로부터 생성된다. "이것은 고대 우주 개벽설에서부터 다루던 문제"이다. 그렇기 때문에 "카오스도 방향적 성분을 갖고 있으며, 이것이 혼돈 자체를 황홀하게" 할 수도 있는 것이다. 보다 더 높은 차원에서 생명, 혹은 삶의 리듬은 "등질적인 시간-공간 속에서 작용하는 것이 아니라, 이질적인 블록들과 겹쳐가면서 작용하고 방향을 바꾸어나가는" 어떤 과정 속에 있다. 다시 말해 "다른 환경으로 이동 중에 있는 환경을 바꾸는 것이 바로 리듬"의 진정한 생명인 것이다. 미자는 등록이 마감된 주민센터 시짓기 과정에 떼를 쓰다시피 해 가입한다. 시 강사 김용탁이 사과를 통해 발언하는 시인되기 과정에는

봉인된 시간

상투성이 있다. 그 상투성까지를 감싸안으면서 미자는 사물과 세계의 인식 방법의 전환을 어떤 잠재적 상태로 내면화한다. 그녀는 조금은 어줍잖고 어설프기까지 한 가운데서도 물질로서의 사과와 그 사과의 해체된 기능들을 관찰하고 응시하는 시간을 경험함으로써, 그녀가 소외의 시간에 감당했던 언어들과 조금씩 차별화를 감행해간다. 그것은 최초에 그녀가 꽃을 좋아하는 마음으로 잉태했던 아름다운 것에 대한 사랑의 감정을 매개를 통해 표상한 것과 유사한 것이기도 하다. 표상의 방식으로 언어를 선택했다는 점에서, 나아가 그 언어의 정수인 시짓기를 양식적 스타일로 취택했다는 면에서 미자의 시간은 '무한한 정의로움'을[25] 향해 있다. 시는 인간의 언어가 도달한 한 지평이다. 그것은 인간의 원초적 욕망으로서의 언어가 수행할 수 있는 가장 극적인 사건의 발단이 되는 것이다. 대체로 언어는 현실에서 불순한 것이다. 오염된 언어의 세계에서 인간은 일정한 삶의 기율을 습득한다. 밥을 벌고 욕구를 충족하며 생식을 위해 짝짓기에 골몰한다. 그때 언어는 시장의 기능에 충실하다. 미자가 시를 만나기 이전에 어떤 소외에 직면하면서 지속적으로 대면하는 것은 오염된 시장의 언어다. 기범의 부가 "시를 왜 배우세요?"라고 물을 때 미자가 악을 쓰듯 답하는 어투에서, 시 짓기 교실의 남자가 배설하는 농짓거리에서, 소녀의 죽음을 보상하기 위해 회합한 거래 과정의 언어에서 미자는 감염된 시장의 언어가 구사하는 공격에 속수무책이다. 그런 면에서 언어는 현재의 욕구에 충실하다. 그러나 한편으로 언어는 한 실존의 존재적 범주에서 근본적으로 리비도의 다른 이름이 될 수 있다. 그러니까 노자가 말한 괄호 속 언어의 물질성에는 최초의 인간 욕망이 잠재돼 있다. 그것은 인간의 무의식 욕망이 일정하게 작동한 결과다. "무의식은 언어처럼 구조지어져 있다"라고[26] 정의할 때, 그 콘텍스트는 인간욕망(리비도)으로 대체되어도 거의 무방하다. 무의식이 곧 언어 자체가 될 수 있을 때 궁극적으로 우리는 자신이 지닌 언어의 한계 내에서 더 자유로울 수 있다. 역설적이지만 그러니까 언어가 사유하게 한다. 미자가 새로 선택한 시의 언어는 그러므로 미자의 사유, 미자의 인식소epistēmē의 변화를 잠재태로 내재하게 된다. 그것은 궁극적으로 미자의 미적 인식의 주체적 변화 가능성을 암시한다. 실제로 미자는 시짓기를 배우면서 그 전과 달리 세계와 사물에 관한 미시적 투시의 모습을 언어에서 실험한다. 그러니까 시를 짓는 다는 것은 단순하게 어떤 사건이나 형상을 언어로 조형하는 일이 아니라, 자기의 삶을 싸고 있는 세계와의 긴장에 대한 세밀한 관찰을 수행하는 과정과 일차적으로 관계한다고 할 수 있을 터이다. 그 과정에서 미적 인식의 변화가 일어난다. 미자도 키치에 가까웠던 삶의 행태로부터 한 사건을 자신의 내면으로 진지하게 받아들이게 됨으로써, 그것이 시짓기 과정에서 필연적으로 만나는 언어와 자신을 일치시키는 미적 인식의 과정과 궤적을 삶의 리듬으로 잉태하게 되는 것이다. 미자를 포함한 다른 다섯 명의 학생 부친들과의 회합에서 그녀는 이 사태가 자신이 지금까지 경험한 일생일대의 가장 큰 사건이 될 수 있다는 예감에 직면한다. 기범 부친을 통해 회합에 참가한 미자는 한 소녀의 죽음을 봉합하기 위한 작업에 그 지역 전체, 그러니까 해당 학생 학부형뿐만 아니라 경찰, 담임, 학교 교감, 지역언론 등 거의 대부분이 동원되어 나쁜 형태로 담합을 시도한다는 것을 인지하게 된다. 여기서 미자의 일차적인 갈등은 손자를 위해 그 담합에 어떻게 적당하게 타협할 것인 가일 것이다. 우리가 이 영화의 뛰어난 비평적 의제설정에 공감하면서도 다른 한편 어떤 예정된 기획일 가능성을 의심하게 되는 지점도 이 의문에 이르렀을 때다. 이 영화가 하나의 사건이 될 가능성을 미자의 단 하나의 질문이 이미 지니고 출발하고 있다는 가정은 단순한 가정만은 아닌 것이다. 그럼에도 우리는 미자의 시짓기 과정에서 실험하는 관찰의 미시성을 한 실존의 중요한 문화사적 사건으로 받아들이지 않을 수 없다. 그것은 그녀를 다시 한번 어떤 공동체로부터 소외시키는 요인이 된다. 소녀의 죽음을 봉합하기 위한 담합의 과정에서 미자의 시선은 다른 5명과 빈번하게 어긋난다. 화면 흐름에서 미자의 시선은 거의 매번 경계의 밖을, 혹은 허공을 향해 있다. 다른 5명이 나쁜 봉합을 위한 시시콜콜한 작전을 모의하고 전개할 절정의 시간에 미자는 화단에 핀 '피같이 붉은 맨드라미'를 보고 순간적으로 시상에 골몰하며, 밖으로 뛰쳐나가 그 맨드라미의 구조를 미시적으로 탐색하기에 이른다. 미자와 다른 5명과는 투명한 유리창을 사이로 벽이 놓인다. 집으로 돌아온 미자는 종욱을 그 전과는 다른 시선으로 관찰하기 시작한다. 그의 방을 샅샅이 뒤지고 무엇인가에 사로잡힌 듯 안간힘을 쓴다. 아무 곳에나 양말을 벗어던지고 먹은 과자 봉지를 그대로 놓고 가는 종욱을 향해 불같이 화를 내고, 교정을 시도한다. 여기서 아마도 종욱의 일차적 충격이 있었을 것이다. 그러나 한번 길들여진 그의 관성은 변화하지 않는다. 미자는 절정에서 폭발하고 '통곡'한다. 그 절규는 그녀 자신과의 의식의 싸움 과정에서 표출된 분노의 다른 표현이기도 할 것이다. 미자의 분노가 어떤 정점에 이를 때 그녀가 보여주는 시짓기는 인간이 폭력의 사회와 삶으로부터 인간이 되는 방식이 무엇인가를 존재의 전환을 통해 계몽한다. 미자는 중학교 교감과 다른 가해자 부모들과의 대책회의에 참석한 후 죽은 희진(세례명 아녜스)의 성당 미사에 불현듯 발길을 옮기게 되는데, 그것은 그녀가 소녀의 죽음을 사유하는 과정에서 어떤 행동의 변곡점을 암시하고 있는 듯 보인다. 그렇긴 하지만 그녀가 아직 완전하게 어떤 결단에 이르러 있는 것은 아니다. 미자는 강 노인의 간병 과정에서 그가 그토록 탐욕했던 몸을 허락한 후 500만 원을 요구한다. 일차적으로 그것은 소외된 미자가 사회와 만나는 방식으로서의 성의 교환가치화이면서, 그녀가 아직 나쁜 담합으로부터 완전하게 결별하지 않았다는 것을 암시한다. 그녀는 아직 외손자 종욱에 대한 세속적 사랑의 끈을 놓지 않았던 것이다. 그녀의 나쁜 공동체와의 완전한 분리는 조금 더 시간이 흐른 후에 이뤄진다. 강 노인의 세속적 욕망에 동의하기로 한 후 미자가 욕조 안에서 울부짖는 소리는, 소리를 엿듣고 있는 강

노인의 관음증과 기묘하게 어울려 그러므로 극단적인 정조를 연출한다. 우리는 그것이 앞에서 언급한 카오스적 리듬의 한 형태라는 암시를 받는다. 미자의 사라짐에 대한 모티브는 여기서 하나의 계기를 마련한다. 갈등의 내면이 그녀가 던진 자신의 몸을 통해 울려나오는 통곡을 거쳐 어떤 변화의 지평으로 변곡점을 그리게 되는 것이다. 영화는 미자의 관찰이 조금 더 심도있게 나아가고 있다는 것을 시위한다. 손자의 학교 운동장에서 공을 차는 아이들을 관찰하고, 나무에서 우는 새소리를 기록하며, 마침내 그 문제의 '과학실험실'에 이르러 소녀를 죽음으로 몰고 간 현장을 오랫동안 응시한다. 시낭송 현장에 참여하고, 여러 시가 트리비얼하게 낭송되는 것을 체험한다. 보이는 아름다움이 있고 그만큼의 음담패설이 있다. 그리고 생물학적 기능이 말소된 이후에도 성적 욕망에 충실한 강 노인의 비아그라에 의지한 세속적 욕구의 시선이 그 연장선상에 있다. 노인은 '죽기 전에 딱 한번만 해보는게 마지막 소원'이라고 미자에게 간절하게 시선을 보낸다. 그러니까 여기서 미자의 내면은 죽은 소녀의 페르조나와 겹친다. 소녀의 죽음이 집단 성폭행에 의한 것이었다는 것을 서서히 내면화해가고 있는 미자에게 다른 방식의 성폭력 형

봉인된 시간

태로(성매매) 다가오는 노인의 탐욕 앞에 미자가 감당할 수 있는 한계는 초과된 그것이다. 그러니까 만연한 일상의 폭력 앞에 미자의 순수는 불가능하다. 우리는 그것이 이 땅의 분단체제에서 파장한 생태적 왜곡과 분단자본주의의 내면화 방식으로부터 기인하고 있다는 것을 적시하고자 한다. 분단체제는 그 자체로 이미 반생명의 폭력을 전면적으로 이 땅에 깊숙이 내면화해 왔으며, 그 과정에 합법적 폭력의 한 형태로 자리잡은 분단자본주의는 약육강식의 이데올로기를 일상화하고 재생산하는 기제로 작동하고 있다는 것을 다시 강조하지 않을 수 없다. 그러니까 우리는 이를 악성 국가주의의 다른 호명인 분단국가주의로 규정한다. 분단국가주의의 해체가 만연된 일상의 폭력으로부터 해방되는 출발의 장이다. 이것은 분단해체를 위한 첫 단계이기도 하다. 이를 증명하듯 포스트분단체제의 문학적 실험에 가담하고 있는 한 텍스트는 분단해체와 국가주의 해체가 분단체제 이후의 우리 삶의 비전이 되어야 함을 국외자의 시선으로 묘사하고 있는데, 거기서 주목되는 것은 '로기완'과 또 그와 연대하고 있는 개별적 주체들이 거의 모두 국경의 밖, 혹은 국가의 외부에서 움직이고 있다는 점이다. 『로기완을 만났다』의 인물들이 폭력의 세계에서 주변화되어 위태롭게 생명선을 이어가는 방식은 연민과 연대이다. 연민과 연대는 시장국가로 통칭되는 병영국가주의가 배타적으로 억압해 온 '상호부조mutural aid'의 내면적 토대이다. 그러니까 이 서사가 말해주듯 거칠게 요약하면 신자유주의의 극단화된 형태로 결과한 일상의 폭력과 그것을 법으로 집행하는 국가(정부)의 합법적 이름으로 행해지는 폭력으로부터 삶을 유지하기 위한 유일한 방책은 함께 아파하고 그것을 공유하면서 행동할 때 나를 위한 생명공동체가 겨우 연명될 수 있음을 이 텍스트는 시위한다. 이는 이미 간디가 판차야트에서 치밀하게 헌법의 조문형식으로 체계화한 '마을공화국'의 전초를 위한 또 다른 이름이기도 하다. 이런 연유로 분단국가주의를 현상적으로 해체하기 위한 가시적 노력은 남한의 경우 절반의 실패로 진행되고 있는 지역자치의 실질적 정착을 제도적으로 완성해가는 과정의 민주주의, 생활민주주의의 다양한 실천으로 수렴되어야 하며, 여기에 더하여 바로 미자의 경우처럼 실존의 존재적 대전환의 자기 전회를 위한 보이지 않는 실존적 운동이 담보되어야 한다. 존엄성 있게 죽을 권리를 위한 운동, 소수자의 상호부조 운동, 지역화폐 운동, 대안의학 운동, 권력 전

봉인된 시간

문가 자본의 지배에 대항하고 저항하는 운동, 토착어와 지역 문화수호 운동, 공동체의 실존적 자율성의 파괴에 대한 저항 운동은 분단체제로부터 포스트분단체로 이행하고 있는 현 단계, 우리 일상에 만연한 악성 국가주의와 분단자본주의 폭력에 긴급하게 호응하는 방식으로 행해져야 할 생활민주주의 실천을 위해 나로부터 출발한 작은 공동체 단위 연대가 해볼 수 있는 생활운동들이다. 운동은 최초에 나의 삶을 변화시키고자 하는 의지로부터, 혹은 텍스트 내에서 미자처럼 자연의 아름다움을 내면의 그것으로 피드백시키고자 하는 미시적 변화의 계기로부터 촉발할 수 있다. 그런 의미에서 미자의 시인되기 과정을 우리는 '영구문화혁명'의 실존적 차원으로 주목하게 된다. 한 실존의 개체적 각성과 의지가 포스트분단체제에 균열을 내는 영구문화혁명의 세포기능을 가능하게 한다. 자세히 음미하면, 영화의 절정에서 미자는 시가 죽음을 넘어설 수 있다는 가느다란 믿음을 지니고 있었던 것으로 보인다. 그녀의 사라짐의 결단은 가늘고 여린 끈으로 직조한 생명의 언어로부터 온 것이다. 타인의 죽음에 대한 고통과 '애도'의[27] 의식이 그녀의 내면에 자리잡기 시작하면서부터 그녀의 언어는 시를 향해 나아가기 시작한 것으로 보인다. 그 절정에서 만난 시는 이렇다.

그곳은 어떤가요 얼마나 적막하나요
저녁이면 여전히 노을이 지고
숲으로 가는 새들의 노래소리 들리나요
차마 부치지 못한 편지 당신이 받아볼 수 있나요
하지 못한 고백 전할 수 있나요
시간은 흐르고 장미는 시들까요

이제 작별을 할 시간
머물고 가는 바람처럼 그림자처럼
오지 않던 약속도 끝내 비밀이었던 사랑도
서러운 내 발목에 입 맞추는 풀잎 하나
나를 따라온 작은 발자국에게도
작별을 할 시간

이제 어둠이 오면 다시 촛불이 켜질까요
나는 기도합니다
아무도 눈물은 흘리지 않기를

봉인된 시간

내가 얼마나 간절히 사랑했는지 당신이 알아주기를

여름 한낮의 그 오랜 기다림

아버지의 얼굴같은 오래된 골목

수줍어 돌아앉은 외로운 들국화까지도 내가 얼마나 사랑했는지

당신의 작은 노래소리에 얼마나 가슴 뛰었는지

나는 당신을 축복합니다

검은 강물을 건너기전에 내 영혼의 마지막 숨을 다해

나는 꿈꾸기 시작합니다

어느 햇빛 맑은 아침 깨어나 부신 눈으로

머리맡에 선 당신을 만날 수 있기를[28]

　'시'는 영화 전체의 이미지를 압축하면서 몇 장면에서 시간의 흐름을 정지시킨다. 여름 한낮 지저귀는 매미소리, 새들의 울음소리, 아이들의 재잘거리는 소리를 녹음이 짙은 느티나무 아래의 평상에서 미자는 음미한다. 그리고 땅거미가 짙어가기 시작하는 박명의 시간, 그녀는 외손자 종욱과 배드민턴을 치다 셔틀콕이 나무에 걸려 잠시 주춤하는 사이, 그러니까 나무에 걸린 셔틀콕을 향해 몇 번 까치발돋

음을 하는 순간, 흔적도 없이 사라지는 종욱의 환영을 경험한다. 그것은 영화 전체를 통틀어 우리를 가장 극적인 사태에 이르게 한다. 미자에게 사라짐은 두 번 나타난다. 종욱의 사라짐이 미자의 사라짐을 위한 전초적 의미를 지닌 것이었다면, 미자 자신의 사라짐에는 소녀의 죽음을 불러오기 위한 환생의 의식이 작동하고 있다. 그 작업은 신성하고 절대적인 것이다. 거기에는 어떤 외부의 개입도 불가능한 어떤 힘이 작용하고 있기 때문이다. 그 힘은 어디서 온 것일까. 우리는 그것이 미자의 시짓기 과정에서 생성된 리듬이 아닐까를 어렴풋하게 짐작할 뿐이다. 보다 분명한 것은 미자의 종욱과의 분리가 가져오는 현실적 충격과 괴리감이다. 남한의 현재적 삶의 행태에서, 우리는 어떤 경우에도 이런 분리를 행동으로 옮기기 어렵다. 두터운 현실의 관습과 삶의 억압이, 오염된 언어가, 미자가 감행한 '시인되기'에 선행해 있다. 그래서 상투적으로 안간힘을 다해 다시 묻게 되는 것이다. 불가능한 현실의 벽을 진정으로 미자는 넘어선 것일까. 오염된 언어의 굴레에 갇힌 우리는 그것을 미자에게, 나아가 우리 자신에게 겨우 물을 수 있을 뿐이다. 미자는 그 질문을 넘어서 나아간 지점 어디쯤에 있을 것이다. 시에서 미자

봉인된 시간

는 온통 '당신'(아네스, 소녀)을 향한 애도의 시간으로 충만하다. 「아네스의 노래」를 나지막하게 음송하는 화면흐름에서 미자의 목소리는 희진(아네스, 죽은 소녀)의 그것과 마침내 겹친다. 그것은 조금 비약적으로 말해 '유령의 목소리'이다. 미자와 희진은 시를 매개로 조우한다. 미자의 사라짐과 희진의 나타남은 동시성을 띠고 있다. 미자의 사라짐이 단 한편의 시의 완성과 함께라면 동시에 소녀의 환생은 미자의 애도의 정점에서 나타난 기억의 한 형식이다. 그 기억은 집단폭력의 희생양이 되어야 했고, 그 결과 나쁜 공동체에 의한 3천만 원의 담합으로 봉합에 이름으로써, 존재 자체가 한 줌의 흙으로 흔적도 없이 사라져야 할 운명에 처했던 한 소녀를, 간절한 애도의 방식으로 다시 온전하게 불러내오는 환생의 의식이다. 그 제의의 한 스타일에 시가 있음을 영화는 증언하고자 한다. 시가 폭력에 저항하는 한 방식으로 소실될 기억을 기록하고 증언하고 표상하는 방법은 법과는 완전히 다른 것이다. 시는 언어의 은유를 선택하여 인간이 인간다워질 수 있는 최고의 미적 형식을 구축함으로써, 폭력이 법과 자본의 보호아래 감추어 왔던 치부를 발가벗기고 마침내 우리를 누추한 알몸과 정면으로 대면하게 한다. 그래서 그것은 특별한 감성의 자극과 그 자극의 과정에서 일어날 수 있는 정조의 변화에 의지한다. 이 미시적 마음의 변화를 일으키는 촉매로 기능한 것은 미자에게 시짓기의 노동이다. 미자의 일상은 그러므로 시짓기 과정에 뛰어들기 이전과 이후로 확연히 분리된다. 시를 짓는다는 것은 단순히 한편의 글을 쓰는 행위에 그치는 것이 아닌 것이다. 미자가 한편의 시를 완성하기까지 보여준 자기 몸의 변화, 내면의 변화는 비루한 일상에서는 잘 보이지 않는 것이다. 소외된 일상의 시간에서 미자는 이러저러한 여러 타자들과 부딪치며 그 만연된 폭력에 순응하는 대신 그것에 격렬하게 감정의 다발들을 풀어놓는다. 그 감정의 격정이 그녀의 깊은 내면을 요동치게 하고 다른 방식의 세계를 갈망하게 했다. 시짓기는 그 과정의 산물이다. 시는 감정의 변화로 일어난 미자의 내면의 반란을 외화하는 과정에 완성된 '내재적 초월'(들뢰즈)의 한 형식이다. 그것을 우리는 존재의 대전환, 나아가 실존의 혁명이라고 불러도 좋다.

이 글은 영화 〈시〉에 대한 비평적 개입의 한 글쓰기 실험이다. 그 실험의 주제는 타인의 죽음에 공감하는 의식으로서의 애도와, 애도를 실천하는 방식으로 취택한 시인되기 운동이다. '미자'의 운동은 신성하고 절대적인 노동이자 노동의 윤리다. 그 윤리적 감각이 오늘의 남한 사회에 만연한 폭력의 일상을 해체하는 미시적 틈으로 기능할 수 있다. 미자의 시인되기는 현전하는 폭력과 그것의 끝인 죽음 앞에 선 자가 감당해야 할 아포리아, 즉 통과할 길을 허락하지 않는, '길-없음'이다. 그런 면에서 미자의 '사라짐'은 삶의 정의를 향해 있다. 정의란 아포리아의 경험 없이는 존재하지 않는다. 미자의 정의는 경험할 수 없는 어떤 것의 경험이다. 미자의 언어를 지배하는 아포리아적인 경험은 우리가 어떤 사태에 직면하여 우리를 완전히 해체함으로써 마침내 해체불가능한 지점까지 도달하게 하는 유령의 모험에 직면하게 한다. 영화 〈시〉에서 미자가 처음이자 마지막으로 완성한 「아네스의 노래」는 그러므로 '유령의 목소리'이다. 그녀의 시인되기는 그녀의 아포리아적 경험이 도달한 사태의 한 경지이다. 우리는 이를 소박하게 인문적인 것이라고 짐작할 수 있다. 인문은 우리가 짐작하고 있는 것처럼 써먹을 수 없긴 하지만 고상하거나, 저녁의 창가에서 듣는 어떤 소네트 형식으로 다가오는 그윽함이거나, 자본의 축적이 가져온 자질구레한 소품의 형식으로, 또 대학학제로 맞춤하게 길들여진 부르주아적 취향의 어떤 것으로, 말기자본주의에 겨우 기생하며 인간다운 것을 위로하는 위안의 양식으로 생명을 연명하는 제도의 학문이 아니다. 말하자면 데리다적 견지에서 인문은 현 단계 우리시대가 정의하고 있는 거의 모든 의미들을 거부하고 해체한다. 그 대신 말의 본래 의미에서 동시대의 인문은 그 해체를 통해 '시대의 중심에서 신음하고 그 고통과의 전면적인 싸움을 통하여 오늘의 삶과 과거의 그것을 역사적으로 통찰함으로써 조금 더 나은 미래의 삶으로 이동하려는 인간의 진정성있는 의식적 노력과 관계한다. 그런 의미에서 인문의 언어는 싸움의 언어다. 인문적 형식은 싸움 속에서만 생명을 획득한다. 인문적 언어는 그 싸움의 현재 속에서만 자신의 지위를 겨우 할당받는 언어이다. 바로 그것 때문에 그 언어가 궁극적으로 에로스(/생명)를 모태로 하는 이유이다. 사랑의 싸움, 사랑의 기술art, 사랑의 정치가 인문적인 것을 매개하는' 진리이다. 다시한번 말해, 그렇다면 미자의 언어는 그녀의 사라짐의 지점에서 그녀가 표상할 수 있는 최고의 사랑의 형식으로 완성한 유령의 목소리(언어)이다. 그러니까 그 중심에 비평과 그 언어가 있다. 우리가 비평적 글쓰기를 중시하는 것은 그것이 동시대에 대한 도저한 윤리적 싸움의식과 관계하기 때문이다. 싸움의식의 현재성이 비평의 생명이다. 그런 점 때문에라도 비평은 공부나 연구의 과정 앞에 있다. 비평적 의제의 설정이 공부의 긴장을 더 높이고 풍요롭게 한다. 데리다의 '유령'은 동시대 우리의 비평이 어떻게 화석화된 언어와 개념에 침몰해 있는지를 성찰할 수 있는 단 하나의 계기를 마련한다.

그렇긴 하지만 그 계기에 참여하는 것은 어떤 위태로움과 감당하기 어려운 피로를 요구한다. 그것은 인간의 인간다움과 인간의 아름다움에 대한 욕망을 윤리의 다른 이름으로 소환하기 때문이다. 법의 어떤 현실적 사태에 직면하여 아포리아의 경험에 가담하는 것은 지난한 일이다. 그런 면에서 포스트분단체제의 일상이 그러하듯, 악성 국가주의와 분단자본주의의 폭력에 무방비로 노출돼 있는 동시대 삶에서 경험할 수 있는 '유령의 글쓰기'는 그 자체로 이미 '길-없음'의 길을 통과하는 정의의 기록으로 기억되어야 마땅하다.

봉인된 시간

차이와 간섭

〈밀양〉과
「벌레 이야기」

무의식은 언어다. 욕망이 언어 안에 거주하는 한 무의식은 (그런) 외래적 욕망들로 가득 차 있다고 할 수 있다.

자크 라캉

이야기, 욕망, 이미지

인간의 이야기에 대한 욕망은 상상 이상이다. 그 이야기 욕망이 이야기 모방이라는 수많은 변이형을 낳는다. 이야기하고자 하는 사람과 그 이야기를 즐기려고 하는 사람 사이의 욕망이 일치하는 한, 서사는 증식을 거듭하며 뻗어나간다. 왜 인간은 이야기에 그토록 질긴 욕망을 드러내는가? 이에 대한 간명한 답변 중 하나는 그것이 인간 심연의 본질이라고 말할 수 있을 쾌락의 원리와 맞닿아 있다고 가정해보는 것이다. 이야기욕망의 근저에는 인간이 설정한 금기에 대한 강렬한 배반의 유혹과, 쾌락을 추구하고자 하는 유희본능이 동시에 작동하고 있다. 이야기의 기원을 추적해보면 그 밑자리에 인간의 쾌락을 향한 욕망이 잠재돼 있다는 것을 간파하게 된다. 인간은 끝없이 타자를 모방하려는 욕망을 내포하고 있다는 르네 지라르의 욕망학은 인간의 이야기 욕망과 그 모방이 뿌리깊은 것이며, 그것의 해소과정에 이야기하기가 있다는 것을 설명하는 유효한 전거가 된다.

이야기와 욕망의 관계에 대한 탐구는 소비대중사회 예술장르의 주요한 지침이 되고 있다. 근래 서사는 문화의 소비, 혹은 놀이(여가, 휴식)의 다른 형태로 다양한 콘텐츠를 확대·재생산하면서 소비문화로의 교환가치를 높여가고 있다. 매체의 변화와 다양화에도 불구하고 여전히 기술복제시대 콘텐츠의 중심에는 영화와 이야기(서사)가 있다. 영화의 번성은 그러나 아이젠슈타인의 표현을 빌면 서사의 형식적 확대와 심화 이상이 아니다. 거의 많은 부분에서 소설(혹은 이야기)의 기법과 내용을 빌려왔을 뿐 아니라, 영화가 기계시대 예술의 총아로서 자립적이고 자족적이며 완전히 독립적인 예술이라는 생각을 오히려 비웃으며 그는 "사실 문학은 영화에 너무나 많은 것을 기여했으며, 문학이야말로 가장 중요하고 으뜸가는 시각예술"이라고[29] 언명한다. 그런 의미에서 "오늘날 호사가들이 애써 주장하는 언어와 영상의 분리, 활자 시대의 종식과 전자 영상시대 도래의 선언, 탈문자적인 인간의 진단 등은 현상을 값싸게 과장한" 것이라는[30] 비판에 직면한다. 여전히 영화를 영화답게 하는 힘은 그것이 서사를 매개로 한 예술장르라는 점일 것이다. 다시한번 그것은 영화가 인간의 이야기 욕망의 변형된 스타일의 일종이라는 것을 시사한다. 현대영화는 여전히 서사와 긴밀한 영향관계에 있다. 장르적 근친성에서 양자는 상호텍스트성 속에 있다는 것을 다양한 측면에서 암시한다. 새로운 미학적 원리의 탄생에 대한 환호 못지않게, 영화예술의 본질에 대한 관심은 서사성의 회복과 그것을 통한 예술적 심화와 관계하는 것처럼 보인다.

문화적 간섭은 대중문화를 매개하고 이월하는 주요한 키워드이다. 영상매체의 핵심에 위치한 영화 아이콘은 대중문화의 이런 기능을 향도하고 있다. 영상매체가 어떻게 문자 매체와 간섭하고 차이를 낳는지, 아니면 전혀 다른 문화아이콘으로 이월되는지를 실체적으로 궁리해보는 일은 동시대의 문화를 더 깊이 있게 이해하는 관건이 될 수 있다. 원본의 측면에서 「벌레 이야기」(1984)는 '광주'라는 메타포를 강렬하게 은유하고 있는 시대적 서사이다. 그것이 인접 장르인 〈밀양〉(2007)을 통해 어떻게 변주되고, 혹은 차이의 정치학을 미적으로 승화하고 있는지 추적해 보는 것은 장르적 간섭과 차이를 일별하는 데 유익하다.

한국 문화현장에서도 특히 서사와 영상매체의 상호교섭, 혹은 간섭은 외면할 수 없는 현실이다. 이런 변화에 부응해 최근 서사학은 영화를 비롯한 문화콘텐츠와의 다양한 결합과 대중문화 산업적 메커니즘을 실험하고 있다. 그것은

117

더 이상 전통적인 의미에서의 소설이 대중독자의 열광을 반감하게 한다는 위기에 일차적으로 반응한 결과이다. 서사학의 주된 관심은 이제 구조주의적 기능 분석이나 시퀀스 단위의 이야기 덩어리를 기능적으로 해석하는 형태론적 이해로부터 시점이론이나 텍스트학을 거쳐 마침내 영화서사론으로 관심의 이동을 진행하고 있는 것처럼 보인다. 영화 서사학은 기존의 서사학이 내장하고 있던 몇 해석적 코드들을 원용하면서 이미지 매체 자체가 내장한 대중흡인력에 대한 메커니즘적 이해를 다시 덧입히는 방식의 논리를 개발하고 있는데, 그것의 중심에 문화산업과 대중문화라는 소비 사회의 이데올로기가 잠재해 있다. 보드리야르에 의해 더 구체적으로 명명된 '소비의 사회'는 근본적으로 대중문화가 내포한 책략을 포스트 사회의 현실로 승인한다. 포스트 사회의 기반을 형성하는 것은 그러므로 근대사회에서 흔히 하위장르라고 폄하했던 팝문화와 그 콘텐츠들이다. 그 문화의 승인은 그 대중문화가 생활의 현실과 미래로 승인되기 시작했다는 것을 거의 명시한다. 말하자면 영화를 비롯한 영상매체가 지닌 대중흡인력은 포스트 사회의 거의 명시적 삶의 지표가 되고 있다고 해도 과언이 아닌 것이다.

봉인된 시간

오늘날 영화의 위상은 잠시 TV의 대중화로 위기를 맞는 듯 했으나 오히려 새로운 중흥기를 맞이하고 있다는 인상을 준다. 아마도 그 이유 중 가장 그럴듯한 것은 이 장르가 지닌 인간의 유희본능에 대한 열광과 관계할 것이다. 이야기 욕망은 가장 오래되고 가장 원초적인 인간의 유희를 충족하는 메커니즘이다. 영화의 완결성을 높이는 핵심 모티브는 여전히 서사의 완성도와 긴밀하게 연관되고 있는 것이다. 영화는 이미지를 통해 대중의 감성을 자극하는 양식이지만, 그 밑면에 이야기 모티브가 강력하게 내재돼 있음을 간과하기 힘들다. 영화에의 열광이나 대중적 흡인력을 이야기 욕망의 변형이라고 이해하려는 시도가 그래서 지속적 힘을 발휘한다.

서사 구조와 방법

서사 텍스트와 영상 텍스트를 동시에 다루는 일은 조금 더 복잡한 설명을 요구받는다. 그것은 단순히 장르적 차별성에서만 오는 것은 아니다. 직접적으로 영상텍스트가 근대자본주의 사회 대중의 소비와 유희적 요소를 가장 잘 반영할 수 있는 장르라는 점을 지적할 필요가 있다. 생산의 과잉과 대공황이라는 근본적 결함을 내포하고 있는 자본주의는 상대적으로 소비의 욕망과 그 순환 구조를 끝없이 욕망(강요)하는 메커니즘이다. 좀 거칠게 말해 자본주의 역사는 그 욕망의 메커니즘으로 인해 주기적으로 재발하는 공황과 전쟁으로 점철되어왔다. 공황과 전쟁은 인류사의 가장 나쁜 기억에 해당한다. 그러나 이 공황과 전쟁이 근대적 인간의 욕망과 자본의 세부적 역량을 강화해왔다. 근대 자본주의 심화 과정에서 영화는 인간의 욕망을 발현할 수 있는 주요한 기제로 작동하는 것처럼 보인다. 영상텍스트가 자본주의의 부산물인지 아니면 보다 긴 인류 역사 과정의 필연적 산물인지는 명확하게 설명하기 어렵다. 만약 그것이 전자의 경우로 보는 것이 더 유효하다면 자본주의와 그 소비 구조가 이미지의 소비를 어떻게 욕망하는지를 눈여겨 관찰해야 할 필요가 있다. 그 관찰은 초기 영화가담자들에게 꽤 현학적인 관심을 유발하게 했다. 영화적 메시지 혹은 기법 중 하나로 잘 알려져 있는 몽타주는 서사와 이미지의 경계를 쉽지 않게 한다. 현상으로만 보면 몽타주의 더 중요한 것들은 명백히 이미지 시대

봉인된 시간

의 메시지와 시각적 충격효과를 극대화하는 데 유효하다. 서사의 압축적 메시지화로서의 의미뿐만 아니라 그것은 이미지가 어떻게 메시지를 생산할 수 있는지에 대한 주요한 시각적 꼴라주의 가능성을 열어준다. 근대 영화 발전에 지대한 기여를 한 러시아 영화이론가들 가령 쿨레쇼프나 그의 기법을 심화 발전시킨 아이젠슈타인은 몽타주를 영화가 지닌 유일하고도 특별한 이야기 구성 방법이라고 주장한다.[31] 영화는 시간의 조형예술이라는 점에서 리듬의 중요성이 제기된다. 아이젠슈타인은 영화의 리듬은 몽타주에 의해 좌우된다고 생각했다. 말하자면 영화를 영화이게 하는 구성의 제일 요소를 몽타주라고 판단하였으며, 그 결과 몽타주는 단순히 영화적 그림의 원초적 단위인 숏과 숏의 기계적 결합을 넘어서는 영화 미학, 나아가 예술적 창조성의 원리로 생각하기에 이른다. 그러나 그럼에도 불구하고 초기 영화기법과 미학들은 일정 부분 소설적 그것들에 빚지고 있다. 영화의 시각적 효과와 이야기 전개의 기법들은 소설의 기법으로부터 전혀 자유롭지 않다. 자본주의의 개화와 만개는 거기에 부응한 다양한 소비욕망을 상승시켰다. 문화적 소비라고 말할 수 있을 자본제적 소비 메커니즘 가운데 영상텍스트가 있다. 영상

텍스트는 거칠게 이미지의 스토리텔링이라고 주장할 수 있을, 일정한 이야기 덩어리에 의존한다. 극단적 실험과 이미지의 그것에도 불구하고 여전히 영화는 서사에 의존하는 예술이다. 영화의 서사 의존성은 단순히 이야기 전개의 차원에서만이 아닌 기법과 영화적 방법 등에 걸쳐 전체적인 유사성을 띠고 있다. 특히 영화는 서사가 내포하고 있는 이미지의 기법적 차용을 통해 영화예술이 지향하는 변별적 자질을 극대화하고 있는 것처럼 보인다.

대체로 '서사'에 대한 개념과 그에 대한 이론적 심화는 러시아 형식주의와 그 영향권에 있는 구조주의를 통해 과학적 체계화의 도움을 받는다. 역사적으로 서사개념의 등장 배경에는 근대적 의미의 소설이 쇠퇴하는 과정과 일정하게 맞물려 있다. 주지하듯이 형식주의의 발아와 확산은 1920년대를 전후한 러시아(소비에트)의 특수한 지적 환경과 밀접하게 관련이 있다. 그것은 중세적 질서와 혁명, 소비에트 사회주의로 압축되는 급격한 사회변동에 조응하는 급진적 청년 문화와 그 지적 반영의 산물이다. 말하자면 그것은 독일 낭만주의의 태동과 유사한 측면을 지니고 있기도 하다. 기존의 유럽 지적 전통이 뿌리깊이 간직하고 있던 역사주의(고증

봉인된 시간

주의)적 환경에 전면적인 반기를 든 이 지적 모티브는 인문학과 예술의 분석과 해석에서 잡다한 외재적 요인들과 이데올로기를 배제하고 보다 과학적인 언어와 그 형식으로 조직된 텍스트에 몰입하는 텍스트주의로 함의된다. 문학의 문학성을 결정하는 것은 내용이 아니라 형식이라는 아젠다는 문학의 해석을 외재적인 접근으로부터 내재적인 관심으로 유도해, 예술성의 탐구를 질료(언어)와 형식적 자질에 집중하도록 유도했다. 영화서사에서 구조주의적 관점을 비교적 체계적으로 제시한 인물은 채트먼이다. 그는 영화까지를 포함하여 이야기체의 특성이 '스토리story'와 '담화dicourse'의 대립적 체계 위에 구조된 산물임을 연역적으로 정의하고자 노력했다.[32] 이 정의 과정에 그는 스토리의 구조적 해명을 위한 '사건들' '존재자들' '담화된 스토리' '플롯—시간'의 비율 등을 목록화하고, 세부적으로 전개하는 의욕을 보인다. 다른 한편 담론 구조에서 그가 강조하는 것은 '내포 작가' '서술자' '내포 독자' '초점 화자'이다. 가설의 연역에 모순이 산재함에도 불구하고, 채트먼의 서사론에서 주목되는 것은 서사의 구조적 특징을 체계적이며 명료하게 해명하고자 했다는 데 있다.

구조 분석

「벌레 이야기」의 서사 구조

「벌레 이야기」(1984)는[33] '국민학교 4학년' 장애아의 유괴사건을 다루고 있는 이청준의 단편소설이다. 그는 이 소설이 소설이기 전에 여항에 떠도는 이야기 뭉치라는 것을 추정하게 하는 한 지문을, 영화를 위해 다시 손을 본 개정판에서 "졸작 벌레 이야기는 실제 사건을 소재로 쓴 소설이라고 흘리고 있다. 작가는 유괴범의 기독교 귀의 이후 벌어진 발언을 충격으로 받아들였고, 그것을 자신의 시대적 과제로 재구성했다. 아마도 이것이 현대적 이야기의 패턴 중 하나일 터이다. 그러니까 이야기는 재해석되고, 재구성되어 이리저리 떠도는 낯선 '영혼의 주술'에 비견될 만하다. 마침내 소설에서 작가는 '광주'라는 80년대적 상징을 통해 용서와 화해라는 현학적이고 무거운 주제를 시대의 중심으로 밀어올린다. 대체로 기존 그의 현실인식은 '문학적인' 방식을 통해 이루어져 왔고, 그것은 한국소설의 빈약한 자리로 남아있던 철학적 깊이를 심화하는 데 일정 부분 기여했다고 평가할 수 있다. 말하자면 그는 최인훈 이후 또 다른 측면에서 한국문학사의 사변을 확장한 관념의 작가라고 할 수 있다. 그의 관념이 시대의 중심으로 진입한 가장 근사한 예를 『당신들의 천국』은 압축적으로 함의한다. 이 단편도 그 주제적 범주로 수렴될 수 있다. 그의 소설짓기의 친숙한 주제와 스타일이라는 면에서, 이 소설은 낯설거나 새로운 어떤 것이 아닐 수도 있다. 그러나 면밀한 차이를 상정할 때, 이 소설이 내장한 시대적 의미는 더 폴리포닉polyphonic하다. 그것은 그의 관념이 '시대정신'과 조우했을 때의 문제와 만남으로써 결과한 것이다. '광주'는 말하자면 우리나 타자의 이야기가 아닌, 더 비상한 나(/내포작가)의 문제였던 셈이다. 이 나의 문제를 화두로 했다는 면에서 이 소설이 지닌 위계는 이청준의 다른 소설들과 다른 지위를 할당받는다.

스토리 구조

이 서사의 표면 구조는 비교적 간단한 내용이다. 약국을 운영하는 한 부부가 장애가 있는 4학년 정도의 '알암이'를 유괴당하면서, 마침내 파국에 이르는 아내의 감정의 내면상태를 관찰하는, 나(남편)의 소회를 묘사하고 있다. 그 소회는 냉정할 만큼 담담한 것처럼 보이기까지 한데, 상대적으로 아내의 감정상태가 외화 되었을 때 독자가 느끼는 정서적 진폭은 훨씬 강렬하다. 이 감정의 간극을 통해 작가는 가해자/피해자, 용서/화해의 과제를 시대인들에게 충격한다. 이야기 구조를 기능 단위로 요약하면 다음과 같다.

ⓐ 봄, 4학년이 된 알암이가 주산학원에 등록한다.

ⓑ 5월초, 알암이가 하교 길에 유괴된다.

ⓒ 부부가 약국문을 닫아걸고 아이를 찾는데 전력투구 한다.

ⓓ 알암이 유괴당한 후 두 달 스무 날째인 7월 22일 저녁 주산학원 근처 2층 건물 지하실 바닥에서 시체로 발견된다.

ⓔ 경찰 조사 결과 김도섭(학원원장)이 범인으로 밝혀진다.

ⓕ 아내의 범인에 대한 원망, 분노, 복수의 집념이 내면화된다.

ⓖ 이불집을 하는 김 집사 아주머니의 권유로 교회에 나간다.

ⓗ 아내의 복수와 상관없이 유괴 재판이 진행되고, 그 결과 아내는 복수의 대상을 상실한다.

ⓘ 김 집사가 다시 아내를 설득해 교회로 인도한다.

ⓙ 아내가 서서히 주의 참사랑을 깨닫기 시작하는 것처럼 보인다.

ⓚ 김 집사의 집요한 설득과 아내의 심경 변화로 범인을 용서하기로 한다.

봉인된 시간

ⓛ 아내가 12월 23일 범인을 만나 대화를 시도한다.

ⓜ 범인이 아내가 용서하기도 전에 주님으로부터 모든 용서를 받았다는 충격적 발언을 한다.

ⓝ 주님에게 용서의 표적을 빼앗겨버린 아내가 돌이킬 수 없는 절망감을 안고 집으로 돌아온다.

ⓞ 다음해 2월 김도섭의 교수형이 집행되었다는 소식을 아내가 듣는다.

ⓟ 2월 5일 저녁 아내가 음독자살 한다.

개략 16개 지문의 시퀀스로 요약되는 이 소설의 서사 구조는 남편의 회상에 의해 이야기가 진행되며, 그 이야기 는 아내가 아이를 유괴당한 후, 유괴범의 종교귀의와 복수, 용서와 화해의 갈등을 담담하게 관찰하는 과정으로 이루어 진다. 일차적으로 보면 이 소설은 유괴 에피소드로 단순화 시킬 수 있지만, 전혀 다른 시대적 주제를 그 행간에 감추고 있다는 점에서 '정독'을 요한다. 이 이야기에서 주목되는 것 은, 그러므로 이청준의 주요 서사가 방법적으로 즐겨 다루 고 있는 '액자형 플롯'이 그러하듯, 소설의 행간 뒤에 숨기고 있는 시대적 주제의식이다. 이 소설이 내장한 특이한 형태로서의 그 주제의식을 분석해보기 위해서는 아리스토텔레스가 시학에서 말한 미토스적 측면, 즉 담화의 시퀀스를 분석해볼 필요가 있다. 이를 통해 작가가 의도한 소설적 장치의 효과가 어떻게 작동되고 있는지를 엿볼 수 있을 것이다.

담화구조

ⓐ 알암이의 돌연스런 유괴를 접한 아내가 유괴범 찾기에 골몰한다.

ⓑ 지난해 5월초 알암의 유괴시기로 거슬러 올라간다.

ⓒ 봄, 알암이 주산학원에 등록한다.

ⓓ 알암이 하교 길에 유괴된다.

ⓔ 알암을 찾기 위해 백방으로 노력했으나 수포로 돌아간다.

ⓕ 유괴범이 학원장 김도섭으로 밝혀진다.

ⓖ 아내가 복수심에 불탄다.

ⓗ 이불집 김 집사의 개입으로 교회에 나간다.

ⓘ 자신의 의지와 상관없이 재판이 진행되는 것을 지켜보며 아내가 절망한다.

ⓙ 김 집사가 다시 신앙을 통해 죄인을 용서하라고 권유한다.

ⓚ 아내가 마침내 용서를 결심한다.

ⓛ 용서를 확인하기 위해 김도섭을 면회한다.

ⓜ 김도섭과 면회후 그가 이미 주님으로부터 용서를 받았다는 말에 배신과 절망만을 안고 귀가한다.

ⓝ 김도섭의 사형소식을 접한 아내가 그 이틀 뒤 음독자살한다.

몇 시간적 배치의 전략이 있긴 하지만, 이 서사는 스토리와 담화의 구조가 어떤 변별성을 찾기 어려울 만큼 평행선으로 진행된다. 무엇보다 이 시간적 질서는 독서의 진행을 비교적 평이하고 완만하게 조절하는 요인으로 작동한다. 시간적으로 과거와 대과거의 차이가 있긴 하지만, 그것이 이 소설의 시간적 질서를 교란시키지는 않는 형국이다. 그렇기 때문에 이 서사는 일차적으로 한 아이의 유괴가 내포한 부모, 나아가 '아내'의 내면적 흐름을 섬세하게 묘파한 역작 정도로 일차적 독해의 완성에 이를 수 있다. 스토리와 담화적 구조가 변별성을 찾기 힘들다는 면에서 이 소설은 구조적으로는 안이한 텍스트이며, 그렇다는 면에서 형식적 새로움과 완성은 낮은 평가에 이른다. 문제는 이 소설이 형식이 아니라 내용으로, 다시 말해 이야기로서의 소설로 읽히기를 강요한다는 점에 주목해볼 필요가 있다. 말하자면 구조적 텍스트 해석으로는 의미의 지평이 해소되지 않는다는 점이다. 이 소설의 진정한 가치는 그 너머에 있다. 이 소설이 지니는 핵심 키워드는 가해자/피해자, 용서/화해에 대한 형이상학적 과제로 수렴된다. 그것은 이 소설을 전후한 80년대라는 한국사회의 정황을 참조해야 가능한 해석에 이를 수 있다.

정황적 해석

「벌레 이야기」는 이청준이 즐겨 구사하는 액자형 이야기 구조의 변형된 플롯이다. 그것은 그의 대표작으로 평가되는 『당신들의 천국』에서 완성된 이청준식 관념의 형식화로 평가된다. 이청준 소설에서 엿보이는 순도높은 사변의 세계는 그가 서사행위를 통해 세계를 어떤 방식으로 읽고 재구성하려 하는지를 진단하는 하나의 키를 제공한다. 『당신들의 천국』에서 그는 소록도라는 공간과 거기에 부임한 '조 원장'을 통해 그 공간의 구성원들을 어떻게 조직하고 혹은 좌절시키며, 마침내 성찰하는 단계로 나아가게 되는지를 메타포가 강한 하나의 스타일로 완성한다. 그가 거기서 말하고자 하는 주요한 의제는 권력과 사회적 삶에 대한 본질적인 의혹이며, 그런 면에서 문학이 현실적 정의나 정치적 견해에 어떻게 접근할 수 있는가에 대한 이청준식 미학을 은밀하게 전파한 보기로 평가된다. 이청준의 현실개입은 이성적 인간에 대한 신뢰의 수사학으로 요약된다. 상대적이긴 하지만 그 한계를 보다 과감하게 밀고 들어온 경우를 「벌레 이야기」는 증거한다. 이 소설이 명백히 빚지고 있는 작가적 원죄 의식은 '광주'라는 80년대의 부채의식과 관계한다. 그것은 작가의 지식인적 성찰을 포함하여 원죄 의식과도 무관하지 않다. 가령 「눈길」에서 엿보이는 '회상의 형식'은 작가가 된다는 것으로서의 근원적 귀향, 그것으로부터 파생하는 내면적 갈등의 삽화들을 서정적으로 파노라마화 한다. 이른바 '젖은 속옷 말리기'의 부끄러움에 비유될 그의 글쓰기는 그것이 현실적 문제와 조우했을 때, 그 분노와 증오를 어떻게 다스릴 수 있는지의 한 보기가 된다.

　　서사진행에서 작중화자 '나'는 '아내'의 죽음에 이르는 과정을 미적 거리를 확보한 채 면밀하게 관찰하는 시간을 통해, 그 죽음이 파장하는 가해자/피해자, 용서/화해의 이분법을 넘어서는 그 무엇에 대해 동시대와 사회를 향해 반향이 큰 질문을 던진다. 그 질문은 고도의 비유적 화두를 통해 모호한 형태로 이뤄진다. 그렇다는 점에서 작가는 자신이 문학적임과 동시에 정치적임을 은밀히 보여준다. 그 정치성은 그러나 가장 폭력적인 시대에 문학적 이성으로 맞섬으로써, 인간이 궁극적으로 지향해야 할 존엄한 가치가 무엇인지를 고문한다. 그 고문은 모든 상존하는 폭력과 상스러움을 부끄럽게 하는 '이성적 모험'으로 요약된다. 인간의 존엄은 무엇을 통해 가능한 것인가? 그 존엄이 폭력에 무참히 짓밟히고, 생존 자체가 치욕과 분노로 점철된 '벌레'의 시대에도 인간답게 산다는 것은 가능한 것인가? 그것이 가능하지 않은 시대에 인간됨을 호소하는 것은 무슨 의미를 띠고 있는 것인가? 에 대한 물음은 이 소설이 궁극적으로 시대인들에게 묻는 가혹한 심미적 고문이다. 그 트라우마가 긴 여운으로 남아 다른 형태의 텍스트로 모방되고 재현될 수 있다. 그것이 문학과 예술이 보여줄 수 있는 진정한 간섭이며, 기억이 인간에게 줄 수 있는 최고의 미덕이라는 믿음을 지닌 이성에 의해 역사와 삶은 의미를 확장한다. 그 욕망의 배후에 〈밀양〉이 있다.

〈밀양〉의 구조

〈밀양〉은 작가주의라는 수식어에 어울리는 이창동식 해석을 통해, 원작을 배경과 주제적 측면에서 재구성한 경우로 볼 수 있다. 그렇다는 점에서 필름은 원작의 재해석을 넘어선다. 그 넘어섬이 원작의 훼손이 아니라 창조적 재현이라는 점에서, 〈밀양〉은 장르 간섭이 보여줄 수 있는 가장 근사한 범례로 평가된다.

이창동은 80년대적 담론에 충실했던 작가의 이미지를 지니고 있다. 그의 문학을 지배한 것은 리얼리즘으로 통칭되는 '대서사'에 대한 작가적 고민으로 요약된다. 분단, 가족사, 노동은 그의 소설의 지배소로 전경화되며, 그 연결고리들을 통해 파생된 시대고는 그의 문학적 주제와 스타일을 특징짓는 키워드로 작동한다. 그렇긴 하지만 그의 문학과 예술에 대한 태도는 이청준의 이성적 심미주의와 그렇게 먼 거리에 있는 것이 아니다. 문제는 그가 영화라는 다른 장르로 이동을 했다는 점일 것이다. 물론 이 거리 이동이 전혀 낯선 예술적 재현의 의미를 가지는 것은 아니다. 핵심은 이창동의 많은 영화적 실험들이 '문학적'이라는 범주에 갇혀 있을지도 모른다는 지점에 이르렀을 때다. 그의 영화를 지배하는 것은 강력한 서사로서의 영상이다. 그에게 이미지는 다른 형태의 서사적 몽타주에 가깝다. 그의 영화들에서 이미지는 이리저리 겹치고, 그의 캐릭터들은 마치 카프카의 어떤 인물들처럼 불명료하게 서성거리며, 그의 주제들은 가능한 행간 속으로 숨는다. 말하자면 〈밀양〉은 그의 그런 영화적 감수성과 문학적 감수성이 절묘하게 오버랩 된 작품인 것처럼 판단된다. 〈밀양〉을 지배하는 종교적 갈등과 구원의 희망은 액자의 바깥에 머무는 의미군들이다. 화해와 용서의 주제는 종교적인 것에 가깝지만, 이 영화에서 그것은 보다 현실적인 문제들, 그러니까 유괴와 모성애의 절규로 현실화된다. 이 복잡하고 모호한 수사와 인식의 동선들은 하나의 다발로 연결되어 있지도 않다. 급기야 우리는 이 영화를 따분한 하나의 세속적 드라마 정도로 단순화시킬 수도 있다. 해석의 풍요로움은 그의 텍스트를 감싸는 주요한 기제들이다. 텍스트 간의 간섭과 변별적 자질을 보다 구체적으로 살펴보기 위해서 우리는 채트먼의 방법적 기술을 몇 도움 받을 수 있다.

스토리 구조

ⓐ 신애가 남편과 사별 후 남편 고향인 밀양으로 내려간다.

ⓑ 신애 '준피아노학원'을 차린다.

ⓒ 아들 준이 웅변학원에 다닌다.

ⓓ 신애가 종찬의 소개로 부동산을 답사한다.

ⓔ 신애 노래방 회식 후, 집에 준이 부재함을 알게 된다.

ⓕ 전화로 준이 유괴되었음을 확인한다.

ⓖ 은행에서 신애가 570만 원을 찾는다.

ⓗ 전화로 유괴범과 돈의 차이 때문에 실랑이를 벌인다.

ⓘ 신애가 저수지 둔치의 시신이 준임을 확인한다.

ⓙ 아들을 화장한다.

ⓚ 신애가 기독교에 귀의한다.

ⓛ 신애가 마침내 깊은 신앙심으로 범인을 용서하겠다는 신념을 가진다.

ⓜ 박도섭 면회 중 그가 하나님이 이미 자신의 죄를 용서했다고 발언한다.

ⓝ 신애가 충격으로 병원에 입원한다.

ⓞ 오집사 등의 집요한 권유와 설득으로 다시 교회에 나간다.

ⓟ 신애의 이상한 행동이 연출된다.

ⓠ 신애 동맥 자해 후, 병원에 재입원 한다.

ⓡ 퇴원 후 미용실에 들러 머리를 자른다.

담화 시퀀스

약 115개의 시퀀스로 이루어진 영화 대본은 훨씬 구체적이며 더 많은 서브 텍스트들로 구성되어 있다.[34] 해석에 저항하기 위해서, 시각적, 청각적 유희성과 해석적 실마리를 감추고 흘리기 위해서 영화는 온갖 잡다한 에피소드와 생활 기제들을 동원하여 이야기를 압축하고, 왜곡시키며, 더러 낯설고 복잡하게 구축한다.

ⓐ 신애(33세)가 준을 데리고 남편 고향인 밀양으로 내려간다.

ⓑ 차 고장으로 종찬과 조우한다. 이후 서광 카센타 정비공 종찬이 신애의 일상에 무시로 끼어든다.

ⓒ 신애가 피아노학원을 차린다.

ⓓ 준이 웅변학원에 다닌다.

ⓔ 준이 유괴당한다.

ⓕ 신애가 유괴범의 전화를 받고 570만 원 전부를 은행에서 찾는다.

ⓖ 준이 저수지에서 시체로 발견된다. 화장한 후 사망신고 한다.

ⓗ 은혜약국 김 집사와 신과 죄에 대한 논쟁을 한다.

ⓘ '상처받은 영혼을 위한 기도회'에서 신애 절규한다.

ⓙ 마침내 신애 교회에 나간다. 종찬이 그 뒤를 따른다.

ⓚ 신애가 자신의 생일 김 집사 등에게 박도섭을 용서하겠다고 발언한다.

ⓛ 신애 교인들과 구치소 면회를 한다.

ⓜ 박도섭과 면회 중 그가 하나님이 자신의 죄를 용서했다고 말한다.

ⓝ 신애 실신하고, 병원 응급실로 실려간다.

ⓞ 신애 다시 피아노 강습을 한다.

ⓟ 신애 다시 교인들과 신의 용서에 대해 언쟁한다.

ⓠ 신애가 음반가게에서 CD를 훔치는 등 정신적 공황상태를 보인다.

ⓡ 부흥회에서 신애가 훔친 CD '거짓말이야'를 몰래 튼다.

ⓢ 신애 은혜약국 강장로에게 성적 유혹을 한다.

ⓣ 종찬 신애의 눈빛과 표정이 이상함을 느낀다.

ⓤ 은혜약국 집에서 교인들 철야기도를 하고, 신애 그 집에 돌을 던진다.

ⓥ 신애 정신병원에 입원한다.

ⓦ 몇 달 후 신애 퇴원하고 종찬 마중 나간다.

ⓧ 신애 미용실에서 머리 자르다 뛰쳐나간다. 종찬이 그 뒤를 따른다.

거의 명백하게 스토리 텔링에 의존한 서사라고 해도 과언이 아닌 〈밀양〉은 압축된 시퀀스 내에도 더 많은 해석의 에피소드들과 그것에 저항하는 덫이 산재해 있다. 영화는 열린 구성 형태를 취하면서 삶의 실존과 죽음 사이에 신애를 위치시킨다. 해석은 모호하고 관객은 더 큰 미궁에 빠질 가능성을 안고 있다. 그것은 이 영화가 단순히 유괴에 얽힌 모정의 파노라마 정도로 끝났으면 해당되지 않았을 사항이다. 영화 역시 원작이 은밀하게 시사했던 종교적 본질과 세속화, 그것을 바탕으로 시대적 삶에서 맞닥뜨린 용서/화해라는 무거운 주제를 이미지로 이리저리 끌고 다닌다. 관객과 영화는 서로 단절되거나 불화하고, 혹은 해석적 지연을 고통스러워한다. 그것은 물론 감독의 의도이다. 그는 관객과 일정한 해석적 게임을 즐긴다. 그 긴장, 거리는 이 영화의 감상을 지속적으로 유예시키는 힘이다.

봉인된 시간

기대 지평

서사/영화

〈밀양〉은「벌레 이야기」의 장르적 이동이자, 재구성(해석)이며, 마침내 동시대인들을 향한 심미적 계몽으로 나아간다.[35] 그것은 이미지를 빈 서사의 양식적 전환으로 읽히길 그래서 충동한다. 그 충동이 인간의 이야기 욕망의 원초적 발현이라는 프로이드적 쾌락의 원리에까지 나아가면, 이 텍스트는 조금 더 복잡한 서사적 해석의 단서를 요구한다. 근대와 탈근대의 사이에서 형식의 지위를 할당받지 못한 서사양식은 이야기뿐만 아니라 언술행위 전체, 즉 서술자가 조정하는 담론으로 의미를 모호하게 확장해 나가면서 오늘에 이르게 된다. 그럼에도 미케발이나 채트먼 등에 의해 더 세밀하게 구축된 서사학은 단순히 주제론이나 이야기하기의 기법적 차원을 넘어 '초점 화자'로 관심을 이동함으로서, 누가, 어떻게, 어떤 각도에서 하는 언술행위인가의 전달이론으로서의 담화 구조에 관심을 집중한다. 그 서사론의 핵심은 이야기가 스토리의 시간과 담화적 시간으로 변별된다는 점이며, 이야기의 내용과 이야기 구조가 대칭적 성격을 띠고 있음을 강조한다. 장르적 차이에도 불구하고 그 주장은 영화에도 일정하게 적용될 수 있는 룰이다. 스토리의 시간은 직선적이지만, 담화적 시간은 그 이야기를 왜곡하고 낯설게 비트는 구부러진 시간이다. 이 관계적 상호성이 서사와 영화를 일정한 근친성으로 이끌게 하는 포인트이기도 하다.

「벌레 이야기」의 서사가 〈밀양〉과 다른 시·공간의 구조를 가지고 있음에도, 인식론의 수준에서 전혀 낯설지 않은 것은 서사의 패턴이 주는 일정한 기율 때문이다. 흔히 패러디라고 불리는 원본에 대한 베끼기, 혹은 창조적 재현은 근대문학의 주요한 기법이기도 하다. 각론적인 차이를 인정해야겠지만, 어떤 면에서 이창동은 문학적 세계인식에서 이청준과 일정한 근친성을 띠고 있다. 서사는 광주에 대해 말하지 않으면서 메타포가 강한 은유를 사용하는 방식으로 그 현실에 개입한다. 그 개입은 이성적 인간의 존엄성에 대한 강한 역설을 은유하고 있다. 이창동이 80년대의 문제의식으로부터 그의 예술적 동기를 얻었다고 할 때, 원작이 주는 울림은 큰 것이다. 20여 년 가까이 그 주제를 내면화해 왔다는 것이 이를 반증한다. 좀 거칠게 말해 이창동은 80년대적 문제의식에 갇혀 있는 작가이다. 그것이 그를 무겁고 고통스런 이미지들에 집착하게 하는 요인이기도 하다. 그 원죄 의식, 혹은 부채의식은 그의 예술적 동기소가 된다. 〈밀양〉은 그런 작가적 세계관을 밀도있게 재구성한 경우중 하나다. 서사적 측면에서 영화는 「벌레 이야기」의 패러디이며 창조적 재현으로 독해된다. 양자는 어떤 의미에서 상호텍스트성 속에 있다. 영화는 '밀양'이라는 지명을 배경으로 취택함으로써 소설과는 다른 해석의 장치와 덫을 이미지로 활용한다. 영화는 도입부에 카메라 앙각을 통해 약 15초 이상 시리도록 푸른 하늘을 정지화면으로 보여준다. 그것은 여러 곳에서 반복·재현된다. 유괴된 '준'의 시체를 확인하러간 저수지의 둑에서도, 약국 남자와의 성적 관계를 위한 야외에서도, 그리고 약 40초 이상 롱테이크로 내려찍은 엔딩 씬에서도 햇볕은 비밀의 문을 끝내 열지 않은 채 관객을 미궁 속에 머물게 한다. 그 이미지의 반복은 이 영화의 제목이 '밀양'이라는 상징적 명시와 일정 부분 겹친다. 신애가 종찬을 향해 '밀양은 어떤 곳이에요?'라고 무표정하게 물을 때, 그것은 자문이면서 이미 신애를 감싸고 있는 삶의 어두운 곳을 비추는 거울이 된다. 어둠과 빛의 극명한 대조는 이 영화를 지탱하는 기율이다. 신애와 밀양인들, 죄와 용서, 삶과 죽음으로 심화되는 메시지의 울림은 이 영화를 유괴와 여인의 절규로 단순화키는 것에 저항하게 한다. 그것을 위해 영화는 구조 분석에서도 드러나듯 소설의 형식과 외피를 거의 완전히 걷어내고 새로운 옷으로 치장한다. 영화에서 신애는 그의 조력자 종찬에게 거의 전적으로 삶을 의지한다. 밀양인 종찬은 서광 카센터 사장이자 노총각으로 전형적인 속물이다. 그의 순정은 그러나 신애를 향한 거의 무조건의 편애와 헌신으로 외화된다. 신애의 차를 수리해주고, 주거와 피아노학원을 알아봐주고, 신애를 따라 교회에 나가며, 마침내 신애의 동선 뒤, 혹은 한발 짝 옆에 그림자로 운명처럼 붙어있다. 그는 가장 정확한 신애의 관찰자이다. 당연한 것이지만 밀양의 풍경은 신애의 동선을 따라 ― 준 피아노학원, 로망스 양장점, 은혜약국, 부동산, 동사무소, 밀양역, 교회, 미용실, 호프집, 식당 등 ― 펼쳐진다. 거기에 신애의 그것과는 다른 것처럼 느껴지는 밀양의 일상이 있다. 더 정확하게 말하면 신애는 밀양 안에서 그 밀양의 타자로 섬처럼 고립돼 있다. 그 고립을 떠받치고 있는 한 축이 종찬이다. 이 얽힌 실타래, 그러니까 밀양의 타자인 신애가 조력자인 종찬의 도움을 통해 가느다란 생명의 줄을 이어가는 아슬아슬한 생의 줄타기는 이 영화를 지탱하는 실질적 긴장의 끈이 된다. 그 긴장의 강도를 유지하기 위한 장치들은 소설과는 전혀 다른 배경과 이미지와 내용으로 표현된다. 아들의 주산학원과 웅변학원은 자발성과 강요로, 아내/신애는 약국을 운영하는 중산층과 통장잔고 570만 원이 전부인 허세 가득한 피아노 학원 운영자로, 관찰자 남편/종찬은 주체와 조력자로, 서사의 완성에서 파국(음독자살)은 지속적인 고통의 응시로 대별 되지만, 그것을 위한 장치들에서 영화는 훨씬 구체적이고 조밀하며, 다양하게 서사적 삽화들을 동원한다. 그 장치들이 관객에게 일정한 볼거리로서의 호기심과 이미지 효과를 재고시킨다.

그 결과 〈밀양〉은 원작이 종교적 메타포를 통하여 궁극적으로 독자에게 가하고자 했던 심미적 고문, '광주'의 학살(죄)과 용서에 대한 문제를 다른 방식으로 에피소드화한다. 그것은 장르적 전달의 차이에서 오는 어떤 것이 결과한 것일 수도 있고, 시대적 변화와 대중의 수용 태도에 대한 재고와, 양자의 세계관 차이에서 오는 미묘한 변별적 자질일 수도 있다.

간섭/차이

간섭이 차이를 낳는다. 물리적 현상을 넘어 예술에서는 그 역도 성립가능하다. 그러므로 예술은 간섭과 차이의 상호성을 통해 더 풍요로운 문화적 심화, 궁극적으로 삶의 깊이를 향한 상호텍스트성을 구현한다. 현대예술에서 문학과 영화의 장르적 차이는 예술적 충동과 동기부여를 촉매하는 메커니즘으로 기능하는 것처럼 보인다. 소설과 영화는 내러티브라는 이야기 전개를 매개로 기법적 장치의 차이라는 장르적 경계와 조우한다. 그 벽이 예술적 표현의 차이를 낳는다. 「벌레 이야기」가 소설화되는 과정은 여항의 사건(이야기)이 결정적 숙주로 작용한다. 이야기꾼은 그 이야기를 몇 기법적 장치를 통해 담화적 구조로 재구성한다. 거기에 근대적 의미에서의 소설적 조건으로서 작가의 세계관이 투사된다. 이청준은 이 종교적 모티브를 통해 한 시대의 비극을 증언하려는 은밀한 욕망을 드러낸다. 그 서사적 욕망은 80년대라는 시대적 과제와 은밀하게 조우한다. 인간의 이야기 욕망은 상상을 초월한다. 욕망이 이야기 모방이라는 새로운 서사적 형식을 낳는다. 이창동은 몽타주라는 이미지 덩어리를 통해 이청준이 시도했던 주제를 또 다른 차원의 심

봉인된 시간

미적 형식으로 재현한다. 그 재현은 원본이 촉매한 창조적 재구성으로 평가된다. 가령, 〈밀양〉의 가장 극적인 장면으로 평가할 만한 구치소 신에서 '박도섭'과 '신애'는 쇠창살로 난 좁은 문을 사이로 하고 정면으로 클로즈업 된다. 그 뒤에 '종찬'이 약간 구부정한 자세로 서 있다. 서사의 압축으로 불리는 이 미장센이 사실 영화의 전체적인 주제를 함의하고 있다 해도 과언이 아니다. 가해자 박도섭의 당당함과 인자하기까지 하며 평화로운 외양과 달리, 피해자 신애는 불안과 상대적으로 왜소하며 의기소침하기까지 함으로써, 극명한 대조를 이룬다. 조력자 종찬을 거느리고 있음에도 불구하고, 신애는 근본적으로 밀양으로부터 타자이다. 이 이방인이 밀양의 공동체에 수용될 수 있는 삶의 방법은 사실상 불가능하다. 그런데 독자(관객)가 느끼는 더 근본적인 불편함은 범죄자 박도섭의 당당함에 비하여 피해자 이신애의 불안함의 극명한 대조에서 오는 복잡하며 설명하기 어려운 분노와 모멸감일 것이다. 이 모멸감은 '벌레의 시대', 나아가 '벌레 같은 인간'과 함께 살아야 하는 양심적 시대인과 시대의 고통으로 전이된다. 이성이 부재하는 시대, 이성적 소통과 심미적 초월이 불가능한 사회를 살아야 하는 고통을 '신애'는 강렬하게 고문한다. 그 고문이 시대의 심미적 형식으로 메아리되어 반향되는 과정을 〈밀양〉은 증언한다. 신애의 통곡은 시네마 전체를 통하여 가장 긴 여운으로 남아있는 잔상이다. 그 잔상이 우리시대를 향해 메아리될 때, 헤겔이 호명한 '시대정신'은 역사적 양심으로 겨우 기능한다.

봉인된 시간

〈박하사탕〉과
환멸의 낭만주의

민주주의는 나쁜 체제들 가운데 그나마 덜 나쁜 체제일 뿐이다. (…중략…) 문제는 이제 더는 '정치적 문제'와 대결하는 것이 아니라, 정치를 재발명[혁명]하는 것이다.

자크 랑시에르

무제

"인간 영혼의 궁극적 깊이는 시간의 근원적 깊이다"라는 토마스 만의 발의는 〈박하사탕〉을 지배하는 주요한 문법이다. 블랙홀처럼 빨아들이는 7개의 암전 시퀀스에서 영화는 복사꽃 난분분한 봄날, 비둘기가 하염없이 날갯짓하며, 단발머리 아이들이 재잘거리며 뛰어가고, 언제 올지 모르는 기차를 기다리며 서성이는 플랫폼의 한 남자를 위해 소실점이 끝나는 지점에서 레일의 원경을 반복하여 재현한다. 그 길은 시간의 다른 호명이다.

"세계상황에 대한 지속적인 절망이라는 분위기" 속에서 쓰인 게오르그 루카치의 초기 저작 『소설의 이론』(1914)은, 전쟁의 공포와 엄습한 불안이 세계를 뒤덮고 있는 지적 환경에서도, 시민사회를 향한 유토피아적 비전을 강렬하게 은유하고 있다. 거기서 그는 "별이 빛나는 창공을 보고 갈 수가 있고 또 가야만 하는 길의 지도를 읽을 수 있던 시대는 얼마나 행복했던가? 그리고 별빛이 그 길을 훤히 밝혀 주던 시대는 얼마나 행복했던가? 이런 시대에 있어서 모든 것은 새로우면서도 친숙하며, 또 모험으로 가득 차 있으면서도 결국은 자신의 소유로 되는 것이다. (…중략…) 왜냐하면 영혼 속에서 타오르는 불꽃은 별들이 발하고 있는 빛과 본질적으로 동일하기 때문"이라고[36] 묘사하고 있다. 고조되어 가는 파쇼체제와 그것에 반동하는 정신적 격렬함을 '환멸의 낭만주의'로 소환하고 있는 문제의 기획에서 더 주목되는 것은, 그가 그의 현실이해의 준거로 내면화한 헤겔 미학을 빌어 도달하고자 했던 높은 이상과 지적 모험에 대한 정열적인 투지이다. 당시 그에게 헤겔의 화두는 시대의 우울과 좌절로부터 탈출할 수 있는 거의 유일한 선험적 좌표가 되고 있었다. 그때 그가 좌표를 통해 그린 길의 콘텍스트는 역사적 인간과 예술, 나아가 역사적 진리를 향한 한 인문적 사유의 성찰과 뜨겁게 대면한다.

예술이 역사와 맺고 있는 독특한 위상은 현실을 설명하는 복잡성의 주요한 부분을 이룬다. 아이러닉하게도 그러나 그 복잡성이 미적 나이테를 형성하는 키워드가 된다. 미적 애매성은 예술이 자유를 먹이로 하는 높은 위계의 자율적 양식이면서, 한편으로 윤리와 사회적 양심으로부터 기원하는 시대정신의 산물이기도 하다는 것을 고민하게 한다. 문학이 취하고 있는 질료로서의 언어의 모호성은 특별히 문학을 예술적 정수에 자리하게 한다. 그러나 그 모호성이 어떤 개연성, 나아가 사회적 핍진성을 모토로 한다는 문제 인식에 이르면 예술의 역사적 무게를 측정하기 쉽지 않다. 근대 예술은 거의 필연적으로 시간의 무게를 감당해야 하는 숙명을 안고 있다. 그 시간의 역사성이 예술의 자율성을 훨씬 복잡한 구도로 확장한다. 궁극적으로 예술의 단순성에 저항하는 어떤 힘은 이런 구조적 관계의 길항 관계로부터 기인하는 것이다. 그런 면에서 특별히 인간의 삶에 어떤 '길'은 공간으로의 확장을 통해 이미지를 만들고, 사무치게 하고, 삶의 의미를 재구성하며, 궁극적으로 기억으로서의 역사가 되게 한다. 루카치의 경우가 그러했듯, 예술적 진리가 역사화 되는 과정에 시간이 있다. 그러니까 길은 시간과 동전의 양면처럼 야누스적 모습을 취한다. 길은 시간과 조우함으로써, 시간의 지배를 획득할 때 비로소 자신의 본원적 지위를 할당받는다. 길 위의 인생이라는 다소 신파적 명제를 리얼하게 묘사한 〈라스트라다〉에서 잠파노(안소니 퀸)는 밑바닥 인생의 토막 난 시간을 잇는 매듭들을 한 실존적 삶의 치명적인 역사로 이미지화하고 있다. 우수에 가득 찬 실루엣, 파트너 젤소미나(줄리에타 마시나)가 보여주는 죽음과 함께하는 삶, 지나간 시간 이미지가 사랑이었음을 독백하는 한 누추한 인생의 기억이 관객을 치명적인 기억의 공간으로 몰고 가 동일화시키는 과정에서 우리는 영화의 미적 진정성이 보여주는 광휘에 도취된다. 그 진정성이 영화적 감동과 역사적 감동이 집합하는 지점이다.

'길의 모티프'와 관련하여 이창동의 영화는 흥미로운 단서 하나를 던져주고 있다. 그 단서가 그의 영화를 읽는 주요한 창이 되고 있음을 간파하는 것은 낯설지 않다. 처녀작 〈초록물고기〉에서 '막동'은 푸른 군복을 입은 채 열차에 몸을 싣고 버드나무 휘어진 초라한 도시 변두리 집으로 귀향한다. 그 귀향이 이후 그의 죽음의 그림자와 어떻게 겹쳐지고 있는지를 엿보는 것은 이 영화의 해석적 복선을 이룬다. 〈밀양〉의 타이틀롤은 앙각으로 찍은 밀양의 어떤 자동차 전용도로이다. 짙푸른 하늘을 지평으로 펼쳐진 밀양 시내를 조망하고 있는 카메라는 마침내 차 안에 갇혀있는 소년 '준'의 옆모습에 이르러 그 길을 비추는 햇볕이 어떤 비밀을 잉태하고 있는 것인지를 부풀리게 한다. 그리고 마침내 〈박하사탕〉의 첫 장면은 암전처럼 느껴지는 캄캄한 화면에 바늘구멍만 한 흰 점의 확대로부터 시작된다. 이 암전이 이 영화의 전체

154

봉인된 시간

를 지배하는 '김영호'의 비극적인 길이자 80년대 세대 전체가 짊어진 고뇌의 길일지 모른다는 암시는 이후 몇 번의 레일 쇼트를 소환하는 과정에서 선명하게 인지된다. 이창동에게 길은 물리적 거리로서의 길이자, 세대적 기억의 길이며, 마침내 타자와 만나는 역사의 길로 이어진다. 몇 스냅을 통해 관찰할 때 이창동에게 길은 역사적 시간으로 환원되는 비극적 황홀의 어떤 것처럼 읽힌다. 비극은 고전적 예술의 가장 전형적인 문법이다. 그렇다는 점에서 그의 영화는 고전적 정서에 충실하게 의지하고 있다. 그의 미학이 비극적 역사인식에 머물러 있는 한, 그의 영화는 무겁거나 음울하다. 그의 영화가 어떤 시대적 발랄함이나 소재의 신기성, 장르적 실험에 기민하게 대응하지 못한다는 비판에 직면할 때, 그것은 거의 진실에 가깝다. 무엇이 그의 미적 인식의 한 부분을 단단히 잡아매고 어떤 빛의 색체, 어떤 주제의식, 어떤 예술적 진정성에서 벗어나지 못하도록 하는 것일까. 아마도 이를 위해서는 흔히 동원되는 면밀한 사회심리적 추적이 필요하고, 또 80년대라는 한국의 특수한 상황과 거기에 대응한 청년문화의 성격을 규명해야 할 필요가 있을지 모른다. 전혀 다른 시각으로, 이창동 개인의 취향이나 자질의 어떤 면으로 해석을 유도하는 경우까지도 그의 영화에 짙게 드러나는 사회성, 말하자면 예술적 윤리의식은 그의 영화를 이해하는데 외면할 수 없는 지표가 된다. 그렇다는 점에서 그의 영화는 그의 문학과 유사하게 역사적 기억의 모티브로부터 벗어나기 힘들다. 두말할 필요도 없이 "훌륭한 걸작 예술은 윤리적 이상을 표현하려는 노력 속에서 탄생한다. 윤리적 이상은 예술가의 상상력과 느낌을 좌우한다. 예술가가 삶에 애정을 가진다면 그는 이 삶을 인식하고, 변화시키고, 삶을 개선시키는 일에 일익을 담당해야 할 절대적 필요성 또한 감지한다"(안드레이 타르콥스키)라는 전언은 이창동에게도 유효하다.

이창동의 미적 인식, 나아가 세대적 감수성이 〈박하사탕〉을 통해 보여주고자 했던 것은 궁극적으로 무엇이었을까? 이에 대한 의미심장하고 개연성있는 답 중 하나는 80년대적 부채의식이다.[37] 그것은 그의 다른 영화와 소설이 암시하는 사회사적 물음 속에서 어렵지 않게 발견되는 것이다. 말하자면 〈박하사탕〉은 그것의 시대적 질문이자 그 재현의 성격을 띤다.

봉인된 시간

〈박하사탕〉, 길과 기억

길은 시간을 따라 움직이고, 한 실존의 나이테를 형성하며, 마침내 의미있는 역사적 기록을 집적한다. 길은 꽤 많은 영화가 취하려고 했던 매력적인 주제였으며 형식이었다. 영화가 시간의 지배를 받는 예술이라는 한계에 부딪칠 때, 길은 그것의 친숙한 질료와 주제가 되어주었다. 문학과 영화가 취택하고 있는 시간의 배분방식 중에서 가장 친숙하고도 매력적으로 등장하는 것은 기억의 형식이다. 흔히 창조적 회상으로 통칭되는, 시간을 거슬러가는 삶의 삽화는 그 자체로 이미 예술적 이상의 일부를 조감한다. 그것은 기억이 인간과 맺고 있는 피할 수 없는 향수와 관계하고 있다. 시간에 예속된 경험적 삶은 그 자체로 인간의 놀라운 현실계시능력을 약속할 뿐만 아니라, 시간을 벗어나려는 기도를 가혹하게 억압한다. 인간은 시간의 굴레를 벗어날 수 없다. 영화의 시간분할과 시간구속성은 그런 인간의 억압에 대한 기억의 환기를 무리없이 소화한다.

〈박하사탕〉은 '창조적 회상'의[38] 형식을 질료로 취하고 있는 시네마이다. 창조적 회상은 모든 근대예술이 지향하

157

는 상상력의 숙주이자 근원이 된다. 그렇다는 점에서 이 텍스트는 서사적 친밀도가 가장 높은 유형 중 하나이며, 거기에 비례해 서사 구조 역시 단순함에도 불구하고 그것을 이기는 해석적 힘을 내재하고 있다. 작가로서 기왕에 즐겨 구사하던 작법을 다른 장르에 이식했다는 점에서 이 영화는 전통적 작가주의의 한 전형을 보여준다. 시간에 구속된 한 실존의 분열하는 삶의 과정과, 그 삶의 고통에서 헤어나지 못하고 마침내 죽음에 이르는 '비극적 황홀'은 고전적 서사의 덕목을 충실하게 따른다. '김영호'의 비극은 시대적 히스테리가 낳은 집단 광증을 연상하게 한다. 말하자면 감독은 우리의 80년대가 광증의 시대였음을 직시하면서 그 광증이 한 순결한 영혼을 어떻게 죽음으로 옥죄는가를 투명한 이미지들로 증언한다. 특별히 그 증언이 어떤 명증한 구조적 힘을 갖는 것은 영상 이전의 언어의 형식적 힘으로부터 나오는 것이다. 우리는 그것이 서사적 완결성과 관계돼 있다는 것을 주목해야 할 필요가 있다. 가령 '예술의 형식은 예술 고유의 법칙에 의하여 설명이 가능하다'라는 형식적 새로움은 과거로부터의 낯설음과 함께, 과거로 새롭게 돌아가기라는 독특한 예술적 원리의 선택과 관계한다. 이창동은 자신의 80년대적 부채의식이라는 명제 앞에 갈등하면서, 한편으로 그의 내면을 지배하고 있던 기억의 형식을 역사적 과제로 재구성해 동시대를 향해 뿌린다. 우리는 그 파편들이 예술과 시대적 문제의 민감한 정치적 이슈라는 것에 이의를 제기하기 어렵다. 이 문제를 예술적 형식으로 조직화하는 명제 앞에 창조적 기억의 형식은 가장 흥미로운 방법적 자각이 된다.

영화에 대한 구조적 분석의 근사한 예는 할리우드 영화의 번성기에 이미 채트먼에 의해 설계되었다. 그는 기존의 '구조시학'(츠베탕 토도로프)이 주장하고 체계화했던 텍스트의 구조, 그러니까 언어와 그 형식의 기능적 해석을 위한 다양한 장치들을 영화서사에 원용하거나 응용하는 과정을 통해 서사 분석의 유형화를 이끌어냈다. 거칠게 말해 그것은 러시아 형식주의자들이 즐겨 구사하던 파블라fabula와 슈제sjuzet에 대응하는 스토리와 담화 구조의 이분법적 적용이라고 할 수 있는 것이다. 형식주의의 산문이론가 중 한 사람이었던 토마쳅스키는 텍스트의 구조 분석을 위해 파블라와 슈제라는 서사의 이분법적 유형화를 시도한다. 그는 한 텍스트를 읽을(/볼) 때 나타나는 수많은 사건들의 시간적, 인과적 연결에 의한 배열을 전자로, 이 사건들을 작가의 의도와 전략에 의해 재배치하는 과정을 후자로 정의내리면서, 그러나 파블라는 가공되지 않은 상태의 이야기와 달리 작가에 의해 변형된 서사이며, 그 이야기가 시간적 인과성을 따라 선조적으로 조직된 것이라는 결론에 도달한다. 해석의 명증성은 구조의 해체와 유형화의 그것에 긴밀하게 연동되고 있다는 입장에서, 이런 유형화의 시도는 있을 수 있는 한계와 오류에도 불구하고, 서사 분석에서 선호될 만한 매력으로 작용한다.

창조적 기억의 형식으로서의 〈박하사탕〉이 취하는 서사 구조는 비교적 단순하고 그만큼 명료한 것이다. 그 단순성을 극복하는 담화적 전략과 몇 소도구들의 배치가 이 영화를 어느 정도 풍요로운 해석으로 자리하게 한다. 우리는 그것을 〈박하사탕〉의 스토리와 담화적 구조의 해체/재구성 과정을 통해 확인하고, 보다 진전된 분석을 수행할 수 있다.

담화 구조

메시지를 어떤 방식으로 전달할 것인가. 그 메시지를 어떤 이미지로 관객에게 호소할 것인가. 그것은 기왕의 동영상들과 어떤 차별화된 색체와 기법일 것인가. 이에 대한

봉인된 시간

고민은 필름의 성패를 좌우하는 주요한 물음이다. 담화적 전략은 이런 물음과 관련한 작가(감독)의 특별한 국면의 특별한 감각이 발휘된 서사적 고민의 산물이다. 〈박하사탕〉에서 필름의 담화 구조는 특별히 기법적 장치로 활용된 암전을 통해 더 명료하게 인지되며, 이를 위해 대략 7개의 시퀀스로 요약되는 시간순서와 내용은 다음과 같다.

① 1999년 봄 야유회. 철교 아래 강변, 20년 전 영호의 야학 동창들이었던 중년 남녀들, 트롯 음악에 맞춰 야유회 즐기고 있다. 영호 광기에 사로잡혀 강물에 뛰어들고, 마침내 철교 위에 올라 달려오는 기차를 향해 "나 다시 돌아갈래"라고 절규한다.

② 1999년 봄. 영호 부둣가에서 총을 사고 지하 주차장에서 총을 쏜다. 순임의 남편 찾아온다. 암에 걸린 순임을 보자 울음 터뜨린다. 순임 남편 사진기를 건네주고, 그 사진기를 판 후 다리를 전다.

③ 1994년 여름. 영호 가구점 사장으로 돈을 번다. 아내 불륜현장 덮쳐 혼을 내고, 자신은 가구점 여직원과 바람핀다. 식당에서 자신이 고문하던 사내 만난다. 화장실에서 아직도 삶이

아름답냐고 묻는다.

④ 1987년 봄. 영호 베테랑 형사이며 신혼이다. 운동권 학생 물고문한다. 고문 학생에게 정말 삶이 아름답냐고 묻는다. 군산에서 잠복 중 술집 여자와 밤을 보낸다. 다시 다리를 전다.

⑤ 1984년 가을. 영호 경찰 초임으로 부임한다. 공단 근처 경찰서에서 고문경험을 치른다. 순임이 사진기를 들고 찾아온다. 사진기를 받지 않고 순임을 돌려보낸다. 다리를 전다.

⑥ 1980년 5월. 순임이 군에 있는 영호 면회 오지만, 광주 계엄군으로 나가는 영호를 만나지 못한다. 트럭 속에서 순임이 돌아가는 것을 본다. 다리에 총 맞고 쓰러진 후 오발로 어린 소녀를 죽인다. 그것이 순임의 환상과 겹친다.

⑦ 1979년 가을. 군대 가기 전 순임을 포함한 야학 동료들과 소풍간다. 장소는 첫 시퀀스와 동일하고 눈물짓는 장면도 동일하다.

대본은 이보다 훨씬 정교한 소도구들의 배치와, 생동감을 위한 다양한 삽화들을 끼워넣고 있는데, 그것들은 사실 말하고 있는 내용보다 더 중요한 해석의 장치들이다. 우리는 보다 뛰어난 텍스트의 조건이 더 많은 주변적 묘사들과 소도

봉인된 시간

구들에서 온다는 것을 고전의 경험으로부터 인지할 수 있다. 더 의미있는 텍스트는 서사의 행간에 숨쉬고 있는 침묵과 공백과 부재로부터 정서적 공감을 얻어낸다. "불완전하다는 것은 텍스트의 본성이다. (…중략…) 작품은 그것이 말하는 것보다는 말하지 않는 것에 의해 이데올로기와 결부돼 있다. 이데올로기의 존재가 확실히 느껴질 수 있는 곳은 텍스트의 의미있는 침묵과 공백과 부재에 의해서이다."[39] 훌륭한 텍스트는 이 공백과 부재의 여운 때문에 근본적으로 불완전한 것처럼 보이지만, 바로 그것이 수많은 의미들의 충돌과 모순을 독자(관객)로 하여금 읽게 하는 동기를 부여한다.

이 필름의 메시지를 위한 다양한 삽화들은 실질적으로 이 영화를 영화답게 하는 키워드로 작동된다. 그것이 관객(독자)의 해석의 풍요로움을 가능하게 하는 몫이다. 필름의 높은 완결성은 담화적 전략의 주변부적 장치들로부터 오는 것이다. 스토리 재구성과정에서도 엿볼 수 있겠지만, 이 필름의 서사는 80년대의 이야기로서는 이미 진부한 후일담이거나 단순한 내용이다. 그것을 훨씬 넘어서는 풍요로운 해석적 장치들은 침묵과 부재하는 서사적 묘사의 힘으로부터 나오는 것이다.

스토리 구조

담화적 시간의 역순과 오버랩은 20년의 시간 간극을 가지고 있는데, 내용의 순차적 구조는 아래에서처럼 1979년 가을에서 1999년 봄까지로 정리되며, 그 초점 화자는 김영호이다. 김영호의 동선으로 수렴되는 서사라는 면에서 스토리 구조로 축약된 이 필름의 내용은 단순하고 완결성이 높음을 알 수 있다.

① 1979년 가을, 영호 순임 등 야학 동료들과 소풍간다. 거기서 들꽃을 꺾어들고 눈물짓는다. 순임에게 들꽃을 찍고 싶다는 소회를 피력한다.

② 1980년 5월, 순임이 군에 있는 영호 면회 오나 계엄군으로 나가는 영호와 엇갈린다. 다리에 총 맞고 쓰러진 후 오발로 어린 소녀를 죽이고, 그것이 순임의 환상과 겹친다.

③ 1984년 가을, 영호 경찰 초임으로 부임해 공단근처 경찰서에서 고문경험을 치른다. 순임이 사진기를 사 찾아온다. 사진기를 받지 않고 순임을 돌려보낸다. 다리를 전다.

④ 1987년 봄, 베테랑 형사이며 신혼인 영호가 운동권 학생을 물고문 한다. 고문 학생에게 정말 삶이 아름답느냐고 묻는다.

⑤ 1994년 여름, 가구점 사장으로 변신한 영호가 아내 불륜현장을 덮쳐 혼을 내고, 자신은 가구점 여직원과 바람을 핀다. 식당에서 자신이 고문하던 사내를 만나 아직도 삶이 아름답냐고 묻는다.

⑥ 1999년 봄, 부둣가에서 영호가 총을 사고 지하 주차장에서 총을 쏜다. 순임의 남편 찾아온다. 암에 걸린 순임을 보자 울음 터뜨린다. 순임 남편 사진기를 건네주고, 영호가 그 사진기를 판 후 다리를 전다.

⑦ 1999년 봄 야유회에 영호가 참석한다. 철교 아래 강변에서 20년 전 영호의 야학 동창들이었던 중년 남녀들, 트롯 음악에 맞춰 춤추고 있다. 영호가 광기에 사로잡혀 강물에 뛰어들고, 마침내 철교 위에 올라 달려오는 기차를 향해 "나 다시 돌아갈래"라고 절규한다.

시간의 매듭(들)

담화와 스토리 구조로 해체/재구성한 〈박하사탕〉의 서사는 더 명료하고, 구체적으로 설명할 수 있는 준거를 제공해준다. 해체-재구성한 스토리 구조에서 엿볼 수 있듯, 작가의 서사적 전략을 명료하게 확인시키는 시간의 직선적 구조로 이루어진 사건의 배치는 어떤 읽기의 장애도 유발하지 않는다. 1979년 가을 소풍 시퀀스로부터 출발하여 1999년 영호의 자살까지를 담고 있는 이 서사는 영화의 스토리를 '광주'와 김영호의 삶으로 단숨에 압축시킨다. 이 압축은 그러나 다른 서사들처럼 고양된 어조와 사건의 현장경험을 통한 분노의 식을 유발하는 쪽으로 진행되지 않는데, 그것은 담화적 전략을 통해 배치한 다양한 묘사적 장치들 때문이다. 따라서 메시지는 훨씬 깊고 은밀하게 우회하여 '순임'이라는 야학 동료와의 멜로적 모티브를 통해 희미하게 노정된다. 그것이 이 영화의 높은 예술성을 확보하는 힘이다. 이 영화가 한편의 멜로로서의 기능과 그 액자의 안쪽인 역사적 비극을 연결하는 솜씨는 예술과 역사를 인식하는 높은 방법적 자각에서 온 것이다. 이를 통해 감독은 그의 목소리를 은밀하면서도 더 강렬하게 관객에게 심어준다. 스토리의 구조를 보면 이 영화의 서사가 기왕의 광주를 다룬 소설이나 영화와 비교하여 뛰어난 예술적 승화에 이르지 못하고 있다는 비평적 판단에 이를 수 있다. 피상적으로 판단할 때, 후일담으로서의 광주 삽화와 멜로드라마적 소재는 진부한 것이다. 80년대 서사에 흔하게 등장하는 공장 노동자와 야학, 군에 입대하자 운명처럼 맞닥뜨린 '광주'라는 공간으로의 투입, 그곳에서 오발로 죽인 한 소녀에 대한 단속적인 기억, 제대 후 바뀌게 된 삶과 그 삶의 현실을 곡예하듯 살아가는 김영호의 일상은 우리시대의 속물스런 삶 이상도 이하도 아니다. 약간 악하긴 하지만, 그것은 거칠고 폭력적인 오늘의 한국문화에서 보면 특별할 것도 없는 어떤 것이며, 그가 보여주는 현실적 패배도 그만의 트라우마로 인정해주기엔, 오늘의 한국사회를 사는 많은 고통스런 시민들에 대한 특혜일 가능성마저 있다. 그러므로 문제는 이를 영상을 통해 연출하는 감독의 몇 세부적인 감각의 새로움에 대한 것과 관계한다. 스토리 구조와 달리 담화 구조는 시간의 역순을 택함으로써 관객으로 하여금 일차적 호기심과 함께 오래된 기원을 지니고 있는 '비극적 황홀'이라는 정서적 충격 효과를 동시에 던져준다. 관객은 동전의 양면처럼 연동된 이 두 개의 기법적 효과를 통해 영화에 극적으로 몰입하는 미학적 카타르시스를 경험한다. 시간의 역순, 즉 창조적 기억을 매개로 한 예술적 감상은 가장 친숙한 인간의 시간 경험이면서, 다른 한편 영상이 미학적으로 서사

167

를 재구조화하는 데 최고의 효과를 가능하게 할 수 있는 방법이다. 김영호의 절규가 주는 울림과 함께 암전 형태로 그리고 그 암전이 이후에 삽화처럼 끼워넣은 긴 철로(길)의 장면을 통해 관객은 그것이 시간의 다른 이름이며, 그 시간은 거슬러가는 시간이라는 무언의 암시를 받는다. 기억을 더듬어가는 관객의 시간의식은 그러므로 김영호의 비극의 기원을 해소해가는 시간이자, 그의 분열적인 삶과 광포한 행동의 동기가 무엇인지를 이해하는 시간이기도 하다. 그 결과 무려 이십 년이라는 긴 시간이 앙금이 되어 한 실존의 트라우마적 발원지에 도달하여 보게 되는 것은 소박한 꿈, 그러니까 들꽃을 찍고 싶다는 순결한 청년의 들꽃 같은 희망이다. 이 작은 희망이 이십 년이라는 시간 동안에 어떻게 마모되고 그 왜곡의 동기는 무엇인지를 이 영화는 관객에게 심문한다.

이 영화는 정서적으로 불편한 질문의 형식을 취하고 있다. 불편한 감상은 그러니까 그 질문의 강렬한 이미지 때문에 맴도는 여운같은 것이다. 회상의 형식이 그 이미지를 일정하게 강화하는 역할을 한다. 담화 구조의 시간적 역순은 감독의 의도된 시간의 분할이며, 이를 통해 우연하게 펼쳐진 불균등한 시간의 배분이 각 시퀀스 내의 에피소드에 어떻게 스머드는가를 면밀하게 실험한다. 1999년으로부터 거슬러 94년, 87년, 84년, 80년, 79년의 시퀀스로 분할된 시간의 간극은 그 시간 차 만큼이나 그의 삶의 일상과 그 목록들에 필요한 개연성을 이어주는 시간의 흔적들이다. 79년과 80년 사이의 채 일 년이 안 되는 시간에 김영호는 그의 평생의 순정으로 간직하게 될 '순임'을 소풍에서 만나 자신의 내밀한 소망을 고백하고, 그 고백의 정표로 눈이 부시도록 하얀 박하사탕을 간직하게 되며, 그러나 '광주'라는 커다란 역사적 회오리에 휘말림으로써 그 소망이 군화발에 찍혀 산산조각 난 박하사탕처럼 부서지는 역사적 시간을 동시에 체험한다. 그 역사의 소용돌이에 가담한 청년 김영호의 삶이 전혀 다른 모습으로 변화되는 데는 4년여의 시간을 요구한다. 고문경찰관이 되어 오물냄새가 스민 손으로 순임을 만나 사진기를 건네받는 영호의 내면은 쉽게 설명하기 어려운 것이며, 그 내면적 갈등으로 사진기를 다시 돌려주는 그의 외화된 행태는 그러므로 자신에 대한 배반이면서 그가 약속한 이 세계에 대한 광기의 일차적 표현이기도 하다. 그리고 3년 후 그는 완전히 고문기술자가 되어 군사문화의 한 시대를 풍미하는 역사적 악의 전형을 무리없이 연출한다. 그리고 다시 그가 자살

169

하기 전까지의, 담화적 시간으로는 가장 긴 약 12년여 동안은 가구점 사장으로, 혹은 소액증권투자자로, 가구점 여점원과의 불륜으로, 그리고 '삶은 아름답다'고 그의 일기장에 적어놓았던 옛 운동권 청년과의 조우로, 집과 자식과 아내로부터 버림받고 헤매는 시대적 고아로, 삶의 최소한의 충족을 위한 모든 것이 더 이상 불가능한 상황에 직면하게 되자 자살을 결심하고 부둣가에서 권총을 구입해 방아쇠와 총구를 입과 머리를 향해 겨누거나 장난을 하고, 마침내 암에 걸려 시한부 인생을 사는 옛사랑 순임을 만나러 박하사탕을 사들고 병원으로 가는 시간이다. 순임을 면회한 후 남편의 간절한 소원으로 건네받은 사진기를 전당포에 헐값으로 팔고, 그는 다리를 절면서 그 돈으로 빵과 우유를 산다. 이 시퀀스에서 설명하기 어려운 사내의 내면을 이해하기란 이 기간 동안의 그의 삶에 대한 파토스만큼이나 난감하지만, 영화는 그가 아직 여전히 순임에 대한 순정만은 버리지 못하고 있다는 소도구들, 표정들을 간단없이 비춰준다. 의식불명 상태의 순임이 영호의 박하사탕을 받고 눈물샘을 자극하는 장면은 치명적이다. 우리는 그것이 흔히 보아 온 멜로의 중요한 소도구들이라는 생각에 이르지만, 그것 이상의 역사적 의미를 영화는 관객에게 질문한다. 김영호의 역사적 시간에서 가장 길게 뻗어있는 이 기간 동안의 사회적 삶은 말 그대로 그가 단순한 속물로서의 차원을 넘어 어떻게 악마적으로 자신의 내면을 차례차례 파괴해 왔는지를 보여주는 반증의 시간이다. 우리는 여기서 운명적 시대와 만난 한 역사적 인물의 문제적 진실과 날것으로 대면하게 된다. 그 만남의 장치와 기법이 이 영화에서는 길이라는 공간적 이미지를 통해 한 문제적 개인을 시대에 투사하는 형식으로서의 '창조적 회상'이라고 할 수 있다.

봉인된 시간

이창동이 '창조적 회상'의 카드를 통해 도달하려고 했던 80년대적 물음은 무엇이었던가. 우리는 그 물음 이전에 80년대란 어떤 시대였는지를 재구성해야 하는 요구에 직면한다. 흔히 '87년 체제'로 압축되는 그 시대의 최대 과제는 민주화였고, 현실적으로 그것은 곧 정치체제의 근본적 변화를 요구했다. 문학은 정치보다 더 정치적인 이데올로기의 담지자

였으며, 예술은 훨씬 급진적인 메시지의 발원지가 되었다. 혁명의 예술이 지배하는 장은 예술 자체에 대한 심각한 훼손의 그림자를 내포하고 있기도 했다. 문제는 그것이 어떤 연대의식, 나아가 시대정신으로 청년문화의 지배소가 되는 과정에 어떤 이의도 제기하기 어려웠다는 점일 것이다. 이창동의 문학이 노동의 소외와 분단체제로 압축되는 두 주요한 어젠다에 의지하고 있었다는 것은 이와 전혀 무관한 것이 아니다. 우리는 그의 문학에서 그가 시대와 조우하는 메시지를 무리없이 읽어낼 수 있다. 그것은 그가 서사에서 장르 이동을 통해 보여주려고 했던 이미지들에서도 거의 변화된 것이 아니다. 그는 여전히 말하자면 광주의식으로 통칭되는 80년대적 후일담에 갇혀있다고 할 수 있다. 그는 거기서 예술적 진정성과 행복을 함께 거머쥘 수 있을지도 모른다는 소박한 소망을 버리지 못한다. 이때 우리는 그의 필름작업이 적어도 그에게는 고통스런 행복을 가능하게 할 것이라는 아우라적 선험을 생각하게 한다. 그 의미심장한 예감은 어떻게 솟아올라온 것일까. 그의 필름이 어떤 고통스런 삶의 실존들과 마주치고 있다는 것은 이를 이해하는 주요한 단서가 된다. 그의 80년대 의식은 그가 그 현장에 동참하지 못

봉인된 시간

했다는 자괴감과 그 의식으로부터 자유로울 수 없다는 내면적 부채의식으로 요약된다. 그것을 해소하지 않는 한, 그의 역사적 삶은 지속적으로 찢기고 분열된 상처로 남아있을 가능성이 크다. 말하자면 그에게 '의미있는' 대중과 교감하는 영화적 시간은 그것을 해소해가는 해원의 시간이기도 한 것이다. 문제는 그 본질에 대한 이해일지도 모른다. 그는 '87년 체제'의 해소가 한국의 민주주의의 성취와 그것의 지속적 미래를 약속하는 것인지에 대해 쉽게 동의하지 않는 것처럼 보인다. 어떻게 보면 87년 체제는 여전히 계속되는 미완의 과제로 남아 있다. 〈밀양〉의 모티브를 20여 년 이상 그의 품속에 지니고 있었다는 것은 무엇을 암시하는가. 아마도 그것의 문제의식이 해소되었다면 이 영화는 더 이상 필요하지 않았을지 모른다. 실질적으로 더 위태로워진 한국 민주주의의 현실은 87년 체제를 통해 그 대의가 지향하고자 했던 실질적 민주화와, 민주화 이후에 희망했던 실존적 행복을 유린당하고 있다는 진단에 이른다. 직면한 비관적 현실인식은 현 단계 한국 민주주의의 내용에 대한 불신과 비판을 낳는다. 80년대적 열정과 실천이 결과한 더 나은 사회를 향한 믿음은 훼손되고, 일상은 그만큼 더 척박해졌다. '포스트민주주의'로 명명되는 새로운 계급사회의 징후는 소수 엘리트와 독점자본집단으로의 특권을 강화하며,[40] 그 결과 민주주의의 종언이 미래적 비전이라는 우울한 결론은 한국적 현실에도 예외가 아니다. 우리는 이창동의 필름이 이미 지화하고 있는 주요한 전언이 단순히 80년대적 연대의식의 재현만은 아닐 것이라고 생각한다. 실패한 한 인생의 이미지는 80년대적 목표와 지향의 현재적 물음이면서, 한편으로는 그것의 숭고한 가치를 훼손하려는 어떤 반시대적 문화에 대해서도 단호하게 거부하겠다는 무언의 약속이기도 한 것이다. 어떤 의미에서 〈박하사탕〉은 이창동의 80년대적 연대의식의 재현 이상도 이하도 아니다. 이 필름이 그 시대와 세대에게 호소하는 힘은 단연 김영호의 인간적 번민과 내면으로부터 나오는 정조 때문이다. 영화는 김영호의 순정과 삶의 현실을 극단적으로 교차시킨다. 상경한, 혹은 변두리 인생의 가리봉동 공장 노동자이자 야학 동료인 순임과의 조우를 통해 우리는 그가 개결한 영혼의 소유자이며 소박한 꿈을 지닌 청년이라는 것과, 공장 노동자로서 현실에서 맞닥뜨려야 하는 고통스런 노동의 소외를 동시에 엿보게 된다. 현실은 그의 소박한 꿈을 단숨에 짓밟는다. 그가 광주라는 역사적 현장에 투입될 수밖에 없는 것은 곰곰이 유추해보면 어떤 필연이다. 그의 꿈은 80년대라는 폭력과 광기의 사회에서는 불가능한 것이다. 이창동이 이 개연성이 높은 인물을 역사적 현장에 투입한 것은 어떤 관념이나 상상도 아니다. 김영호가 보여주는 리얼리티는 그러므로 우리의 80년대적 자화상이기도 하다. 그 자화상이 그리는 핍진성의 몇 이미지들은 이 영화가 80년대 세대에게 보내는 무언의 압력인 것이다. 가령, 순임과 영호는 어떤 인연으로 맺어질 수도 있었다는 가정은 '사진기'를 매개로 몇 번 반복 연출되는데, 순임이 들고 오는 사진기는 번번이 영호에게 거절당한다. 그것은 이미 순임이 보내준 '박하사탕'을 군화 발에 짓밟히는 순간에 암시된 것이다. 그렇게 끝이 난 둘 사이의 사랑은 그러나 해소된 것이 아니라, 더 고통스런 인내의 삶이라는 것을 지속적으로 암시해준다. 말기 암으로 산소호흡기를 차고 있는 순임의 병원으로 박하사탕을 들고 가는 영호의 마음, 남편이 건네준 순임의 사진기를 받아 전당포에 맡기고 받은 돈으로 빵과 우유를 사고, 결코 지워서는 안 될 기억의 이미지가 들어있을 필름을 꺼내 단숨에 햇빛에 노출해 버리며, 마침내 한쪽 다리를 심하게 저는 영호를 향해 관객은 일정한 정조의 동일성을 이룬다. 그의 다리 장애는 그가 '광주'에서 얻은 전리품이다. 말하자면 그는 여러 신체적, 정신적 장애를 지닌 문제적 인물인 것이다. 어떻게 보면 그는 80년대적 불행을 온몸으로 감당한 시대인이다. 반복 이미지의 과장이 시대적 핍진성을 약화시킬 수 있다는 비판에도 불구하고, 이 필름은 80년대를 기억하는 청춘들에게는 거부할 수 없는 정서적 호소력을 발휘한다. 우리는 그것이 기억의 동일화에 대한 핍진성에서 기인하는 어떤 것이라는 판단에 이른다.

〈박하사탕〉을 통해 이창동은 한 실패한 인물의 자살이 야기하는 정서적 파장을 '창조적 회상'의 방법으로 오늘의 민중에게 호소하려는 시대정신의 일단을 드러낸다. 그 욕망은 그로 하여금 거슬러 가는 고통스런 시간의 여행을 감행하게 한다. 엄밀한 의미에서, 그러나 그 시간은 유폐된 기억, '봉인된 시간'의 음화이다. 암전된 캄캄한 의식의 동굴에 우리를 감금하고 시간의 고문을 하는 형식으로서의 이 필름은, 80년대가 어떤 열광과 에너지로 실천하고자 한 역사적 의의에 대해 성찰할 것을 강제한다. 그 성찰의 끝자락에서 맞닥뜨리는 실패한 영혼의 이미지는 우리를 극도의 비감함 속으로 몰아간다.

마지막으로, 단순하게, 다시 질문한다. 80년대적 아젠다와 그것을 위한 열정의 시간들은 실패한 것일까. 김영호의 실패처럼, 오늘의 우리가 꿈꾸는 더 나은 삶과 공동체에 대한 희망은 좌절됨으로써, 의식인들이 그토록 열망했던 민주화는 위기를 넘어 '민주주의의 종언'으로 미끄러져 가고 마는 것일까. 도저한 비관주의는 오늘의 세계를 신뢰하지 못하는 역사적 조건을 형성한다. 그러나 바로 그렇기 때문에 우리는 그 미완의 에피스테메가 한국 민주주의의 가장 찬란한 역사적 시간이었다는 것을 오래도록 기억해야 할지도 모른다.

주석

1 소포클레스, 강동진 역, 「안티고네」, 『오이디푸스왕』, 민음사, 2009, 195면

2 위의 책, 36면.

3 Gregory Bateson, Steos to an ecology mind, chicago: University of Chicago Press, 2000.
   pp.202~211. '이중구속'은 베이트슨이 화이트헤드와 러셀로부터 영향받은 철학적
   모델로부터 그것을 넘어서려는 시도의 하나로 제시한 것이다. 그것은 사회병리적
   분석을 통해 인간관계에 대한 내면의 상황을 심미적으로 포착하기 위한 것으로, 어
   떤 극한 상황에서 두 개의 상반된 메타메시지가 한 실존에게 주어졌을 때 나타날 수
   있는 분열적 상태의 심리적 아포리아와 그 커뮤니케이션 상황에 특히 주목할 것을
   강조한다. 그 상황은 '어떤 한 개인이 긴장된 관계에 처해 있을 때, 즉 자신이 어떤 종
   류의 메시지가 전달되고 있는지를 정확하게 구별해서 적절하게 반응하는 것이 매우
   중요하다고 스스로 느끼는 그런 관계에 처해 있을 때, 그리고 관계에서 상대방이 메
   시지의 두 수준을 표현하고 있는데 하나가 다른 하나를 부정하는 상황에 처해 있을
   때, 어떤 메시지로 반응해야 하는지에 대한 자신의 구별을 수정하기 위해 표현되는
   메시지에 대해 언급하는 것이 불가능한 경우, 즉 메타커뮤니케이션적 진술을 할 수
   없을 때'로 가정해 볼 수 있는데, 이런 이중구속 상황에 처했을 때 보통 대부분의 사
   람들은 정신분열증 환자와 유사한 방식으로 방어적인 반응을 보일 수 있다. 특히 이
   중구속 상황에 처하게 되면 대부분의 정신분열증 환자는 자신의 발언 가운데서 글
   자 그대로의 의미와 은유를 혼동하게 된다.

4 일본 근대의 서구식 번역과 오역에 대해서는 최근 토픽에도 엿보이는데, 가령 오윤
   정, 「메이지 미술과 일본의 근대」, 『일본비평』 19, 일본연구소, 2017, 160면. "공부미
   술학교는 '미술'을 기술로 교육한, '서양에는 없는 서양미술학교'였다."

5 일본의 근대와 명치유신 전후를 이해하는 데 조관자, 『탈전후 일본의 사상과 감성』,
   박문사, 2017; 한상일, 『이토히로부미와 대한제국』, 까치, 2015; 김용덕, 「명치초기 일
   본의 지식인운동」, 『지역연구』 2-1, 서울대 지역종합연구소, 1993; 임종언, 「후쿠자

와 유키치와 明六社 小考」, 『한양일본학』 13, 한양일본학회, 2004" "三谷博, 「메이지
유신의 해부」, 『일본역사연구』 43, 일본사학회, 2016의 일부 도움을 받았다.

6 전형적인 동아시아인 마스크와 피를 수혈받고 있는 '벤'은 88올림픽 이후 급격하게
남한 일상에 수입된, 분단자본주의를 통해 힘을 키운 경제적 지배계급들이 생식과
번식과정에서 새롭게 수입한 영·미식 호명이다. 그것의 형식은 대체로 성을 한국식
으로, 세컨 네임을 영·미식으로 조합한 구성으로, 한때 유행했던 '오렌지족'이라는
특별한 닉네임에서 환기할 수 있듯, 스포츠카, 마약, 클럽과 헌팅 등을 통해 전혀 새
로운 이국문화를 순식간에 장안에 리트머스화했다. 벤은 이 문화의 숙주에서 생식
되고 배양된 인물로, 그가 구사하는 약간의 느끼한 억양에서 흔히 짐작되는, 외국유
학을 했을 것이라는 추측과 함께, '일과 놀이가 구분되지 않는' 자본계급이다. 그가
일상에서 하는 가장 엑스터시하며 생기를 나타내는 것은 비닐하우스를 태우는 일이
다. 그 비닐하우스는 종수와 해미로 상징되는 일회성 알바 인생들의 생명선을 표징
하는 알레고리이지만, 벤에게 그것은 태워 흔적도 없이 소거해야 할 박멸의 대상이
자 유희의 그것일 뿐이다.

7 Herman Melville, *Bartleby the Scrivener: a Story of Wall-Street*, Book Jungle, 2008, p.14. 여기서
'그'는 필경사 바틀비를 지칭.(이 페이퍼백과 더불어 문학동네 번역판 참조)

8 약물 표기는 필자가 이 문장에 내포한 심팀을 강조하기 위해, 무엇보다 들뢰즈의 스
피노자 해석에 대한 이해를 돕기 위한 브리지의 의미로 한 것이다. 단정적이며 느낌
표의 여운을 함유하고 있는 이 한 문장 속에 들뢰즈의 스피노자 해석에 대한, 한 실
존으로부터 국가에 이르기까지의, 정치적 진리가 다 포함돼 있다(따라서 이 글의 의도
역시 이 패러그래프에 함축돼 있다 해도 과언이 아니다). 그것은 그가 스피노자를 대하는 궁
극적 목표가 "스피노자가 자기 자신을 자유로운 인간으로 만들려고 했다는" 것과 일
치하며, 나아가 예속(복종)이 만연한 사회로부터 불복종의 정치적 실천을 감행한, 마
하트마 간디에 와서야 그 실체가 정확하게 확인된(불복종, 비타협, 비폭력), 행위의 모델
을 만들기 위해서였다. 스피노자는 1656년 마침내 유대공동체로부터 파문을 당하고
그 집단의 온갖 모멸과 박해를 피해, 심지어 광신자의 살해미수까지 겪은 후, '레이
든'을 거쳐 '레인스뷔르흐'의 시골로 은거해 그가 생계의 기술로 습득한 안경(알) 세
공으로 겨우 연명하면서도 생명의 불안을 완전하게 해소할 수는 없었다. 그는 다시
1663년에 헤이그의 교외 포르스뷔르흐로 거처를 옮긴 후 그의 『에티카』를 계속 진행
할 수 있었는데, 그것은 시몬 드 프리스 같은 그의 동무가 비밀 아지트를 만들어 그

180   봉인된 시간

의 원고를 읽고 토론함으로써, 또 다른 자질구레한 문제들을 해소함으로써, 겨우 지속될 수 있었다. 이 과정에서 윤리학 집필을 중단하면서까지 쓴, 그러나 끝내 미완으로 남았던『신학정치론』수고에는(그러나 드물게 아주 드물게 이 원고는 '데카르트 철학 원리들'과 함께 거의 유일하게 그가 생존시 1670년 라틴어로 출간된다) 바로 이 현실 인간의 근본적 노예근성에 대한 강한 호소(절규)가 드러나 있다. "인민은 왜 그토록 비합리적인가? 인민은 왜 자신의 예속(복종)을 [오히려] 영예로 여기는가? 왜 인간은 예속이 자신들의 자유가 되기라도 하듯 [오히려] 그것을 위해 투쟁하는가? 자유를 얻는 것뿐만 아니라 그것을 지켜내는 일은 왜 그토록 어려운가? 왜 종교는 사랑과 기쁨을 내세우면서 전쟁, 편협, 악의, 증오, 슬픔, 양심의 가책 등을 불러일으키는가?"가 핵심어젠다. 그의 이 테제는 헤이그 유대공동체뿐만 아니라, 17세기 유럽 전체를 폭파하는 핵폭탄과 같은 의미를 내포하고 있다. 그러니까 오늘 우리가 대하고 있는 에티카의 여러 곳에 이 사유의 파편이 혼재하고 있는데, 특히 4부 '인간의 예속 또는 감정의 힘에 대하여'에는 이를 극복하기 위한 스피노자의 열망이 고스란히 담겨있다. 그러니 결국 '신학정치론'에서 소개한 몇 화두가 '스피노자주의'의 거의 인식소(epistēmē)에 해당한다고 봐도 무방하다. 질 들뢰즈, 박기순 역,『스피노자의 철학』, 민음사, 1999, 20면.

9   질 들뢰즈, 이정하 역,『소진된 인간』, 문학과지성사, 2013, 23면.

10   질 들뢰즈,『시네마』1(운동−이미지), 시각과언어, 2002, 169면.

11   이창동,〈버닝〉, 파인하우스필름, 2018, 1:20:45(러닝타임).

12   질 들뢰즈·펠릭스 가타리, 김재인 역, 천개의 고원, 새물결. 2001, 592~595면

13   김병로,「분단체제와 분단효과」,『통일문제연구』59, 평화문제연구소, 2013, 91면.

14   신철하,「카메라의 언어」,『어문연구』181, 한국어문교육연구회, 2019, 181~184면.

15   바뤼흐 드 스피노자, 황태연 역,『에티카』, 비홍출판사, 2014, 160면. 정동, 감정, 정서, 정념, 충동 등으로 번역되고 있는 이 개념어를 스피노자는 특히 텍스트 3부「감정의 기원과 본성에 관하여」'정의 3'에서 "감정(정동)이란 신체의 활동능력을 증대시키거나 감소시키며, 촉진하거나 억제하는 신체의 변용인 동시에 그러한 변용의 관념이라고" 정의한다. 그리고 들뢰즈의 시네마에 '감화−이미지(image−affection)'로 사용(번역)되고 있는 이 개념어는(질 들뢰즈,『시네마』1, 시각과언어, 2002, 168면) 스피노자가 그의『에티카』3, 4부(「감정[정동]의 기원과 본성에 대하여」「인간의 예속 또는 감정의 힘에 대하여」)에서 집중적으로 다루고 있는 여러 의미망을 포괄적으로 수용하기 위해, 소

개한 번역어 대신 라틴어 그대로 사용하는 것이 더 적절하며 자연스럽다는 전제를 내포하고 있다. 그런데 이 개념어를 그의 시네마로 가져오기 전에 들뢰즈는 『스피노 자와 표현문제』에서 『에티카』 전체를 해제하는 과정에 그 주제어를 '표현하다'로 수 렴하면서, 데카르트적 '신의 역량' 문제를 '인간의 역량', 즉 자연학적이고 수학적이 며 생물학적인 차원으로 재해석한다.(질 들뢰즈, 『스피노자와 표현문제』, 그린비, 2019, 18면) 들뢰즈는 스피노자의 에티카에서 표현의 역할과 중요성을 화두로 "신비주의적이고 미학적인 측면을" 강조하는 카우프만의 발언을 주목한다. 궁극적으로 "이해불가능 한 것으로" 선언되는 스피노자의 표현관념은 '정의 6'에서 정의되지도 정의에 쓰이 지도 않는데, "따라서 표현은 증명의 대상이 될 필요가 없다"는 결론에 도달한다. 그 과정에 등장하는 주요한 매개어가 감정, 혹은 정동으로 소환되는 인간을 추동하게 하는 궁극적 에너지인 욕망이다. 그러니까 이전까지 신, 이성, 법, 개념, 이데올로기 같은 거대서사의 차원에서 관념적이며 추상적으로 다뤄지던 인간본질을 둘러싼 궁 극적 탐구의 문제를, 스피노자를 빌려 더 디테일한 감정의 문제로 소환하고자 한다 는 점에서, 들뢰즈 논의는 실질적이고 구체적이며, 근본적으로 혁명적이다.

16   질 들뢰즈, 『시네마』 1(운동−이미지), 시각과언어, 2002, 170면. "그것들이 바로 얼굴성 (visagéité)의 속성들이다. 그것은 욕망이라고 불리기도 하는데, 얼굴을 통해 표현되는 강렬한 연속을 구성하고 있는 작은 힘들 및 충격들과 불가분의 관계에 [그것은] 있다'

17   Sergi Eisenstein, Jay Leyda ed. & Trans., *Film Form : essays in Film Theory*, A Harvest book · Harcourt, Inc, 1977, p.53. 몽타주는 편집과 꼴라주의 대립되고 혹은 보완되는 두 논리에 충실한 영화적 과정이다. 따라서 몽타주는 영화 전체 속에서 어떤 리듬의 흐름 속에 있는 것이자, 갈등을 유발하는 극적 기제이기도 하다. 그렇기 때문에 몽타 주는 갈등의 충돌을 통해 유연하고 극적이며 상상 이상의 방식으로 영화 전체를 '지 각불가능한 세계'로 안내하는 가이드 역할을 함으로써 오늘날처럼 영화를 가장 열 광적인 대중의 양식으로 만들 수 있었다. 그 열광의 요소로 작동하게 하는 것이 빨랑 이다. 만약 그렇다면, 그가 주장한 빨랑은 분명히 몽타주의 세포다.

18   질 들뢰즈, 『시네마』 1(운동−이미지), 시각과언어, 2002, 54면

19   질 들뢰즈 · 펠릭스 가타리, 김재인 역, 『천개의 고원』, 새물결, 2001, 666면. '탈영토 화'를 핵심적으로 드러내고 있는 장은 「리토르넬로에 대해」이다. 들뢰즈는 여기서 슈만의 1837년 작 〈환상소곡〉을 예로 들면서 "협주곡 속에서 슈만은 마치 빛이 멀어 지고 사라지는 듯 첼로의 음이 떠돌도록 만들기 위해 오케스트라가 가진 모든 배치

물을 동원한다. 슈만의 작품에서는 선율, 화음, 리듬을 교묘하게 가공하는 일관된 작업이 리토르넬로의 탈영토화라는 단순하고 간결한 결과를 가져오고 있다"라고 말하고 있는데, 여기서 영토개념은 "같은 종류에 속하는 두 개체 간의 임계적 거리"를 말한다. 두 환경의 사이에서 발생하는 리듬을 통해 리토르넬로는 영토화를 향해 나아가며, 그 운동의 지속 과정에서 리듬의 환경을 바꾸는 것이 탈영토화이다.

20 질 들뢰즈, 김현수 역, 『비평과 진단』, 인간사랑, 2010, 131면.

21 이창동, 〈시〉, 파인하우스필름, 2010, 1:15:51.

22 신철하, 「도덕경주석」, 『노자와 에로스 – 에로스와 생명정치』, 삶창, 2016, 26~28; 37면..

23 질들뢰즈·펠릭스 가타리, 김재인 역, 『천개의 고원』, 새물결, 2001, 302면.

24 자크 데리다, 진태원 역, 『법의 힘』, 문학과지성사, 2004, 51면. 자크 데리다, 『마르크스의 유령들』, 그린비, 2014, 34면. 데리다의 '유령(spectre)'개념은 그의 초기 저작 중 가장 중요하게 평가되는 『글쓰기와 차이』에서 제시한 화두 '차연'과 함께 특히 『마르크스의 유령들』 이후 후기미학을 지배하는 핵심 개념이다. 여기서 특별히 나는 그의 이 화두를 비평의 개념으로 소환한다. 이 정체불명의, 조금 더 정확하게 그의 표현식으로 하면 "결정 불가능한 것의 유령"으로서의 미적 화두는 우리시대에 만연한 폭력에 대응하는 하나의 정의의 방식이 될 수 있다. 현 단계 우리는 분단체제의 극단화된 형식과 그 체제로부터 태어난 분단자본주의의 극단화된 그것으로 인해 삶의 전면적인 폭력에 거의 무방비로 노출돼 있다해도 과언이 아니다. 아렌트는 지나간 시대를 '폭력의 세기'라고 단언했지만, 우리에게는 오히려 현재와 근미래를 지배하는 것이 되고 있는, 적어도 한반도의 대다수를 차지하는 민중의 삶은 점증하는 유·무형의 폭력으로 삶의 잠재적 에너지 자체가 거의 소진돼 있다. '소진된 인간'으로서의 삶은 그러니 그 자체가 이미 유령의 형태를 띨 수밖에 없다. 특별히 데리다의 유령 개념은 현재라는 시간적 양상과 현전이라는 존재의 양상을 필수적으로 거느린다. 유령은 존재론적으로 "살아있는 것도 죽은 것도 아니고, 현재 존재하지만 현전한다고 할 수 있는 것도 아니며, 가시적이지만 또한 동시에 비가시적으로 존재하는 어떤 것, 존재하면서 존재하지 않는 것"이다. 그렇다면 유령은 '존재의 가상적 모습이라기보다는 현전으로서의 존재가 은폐하고 몰아내려고 하는, 존재보다 더 근원적인 어떤 사태의 표현'(195면)이다.

25 자크 데리다, 진태원 역, 『법의 힘』, 문학과지성사, 2004, 37~43면. 혹은 자크 데리

다, 남수인 역, 『글쓰기와 차이』, 동문선, 2001, 169면. 데리다의 '무한한 정의' 개념, 다시 말해 타자의 폭력(죽음)을 애도하는 한 형식으로서의 정의는 어떤 조건도 존재하지 않는다. 그렇기 때문에 정의란 아포리아의 경험 없이는 존재하지 않는다. 현실에서 계산되고 규정될 수밖에 없는 법은 그러므로 정의가 아닌 것이다. 여기서 데리다는 서구 형이상학과 법과 지식을 전면적으로 완전히 해체한다. 그 해체의 동기는 레비나스로부터 영감받은 것이다. 그 모티브는 그러니까 그가 그의 에크리뛰르 초기에 시도한 「폭력과 형이상학」의 레비나스에 대한 헌사의 형식에서 촉발하여 「법에서 정의로」에 이르러 하나의 완성에 도달한다. 데리다는 유럽 형이상학(지성) 전체를 해체하는 작업의 과정에서 "레비나스는 "지성적 저항"을 더 이상 말하지 않는데" 그 대신 그는 "『전체성과 무한』에서 "윤리적 저항"을 발견한다고 주석하면서, 그러면서 그는 레비나스에게서 보이는 "무한적 타자, 타자의 무한성은 적극적 무한성처럼, 하나님처럼 혹은 하나님과의 닮음처럼 타자가 아니다. 무한적 타자는 만일 그가 적극적 무한성이라면, 그리고 자기 안에 무-제한의, 무한정의 부정성을 보유하지 못한다면, 그는 그인 것, 즉 타자가 아니다. 무한적 타자는 끝없는 일과 경험에도 불구하고 끝낼 수 없는 것을 의미""한다고(『글쓰기와 차이』, 184면) 주장하기에 이른다.

26 자크-알랭 밀레 편, 맹정현 외역, 『자크라캉 세미나 11』, 새물결, 2008, 307면 등. 가령, "언어가 없다면 엄밀히 말해 욕망 같은 것은 없다—무의식은 그런 외래적 욕망들로 가득 차 있다", "언어는 무의식의 조건이다. (···중략···) 무의식은 언어의 논리적 결과이다. 따라서 언어가 없다면 무의식도 없다."

27 자크 데리다, 진태원 역, 『법의 힘』, 문학과지성사, 2004, 194면. 앞에서 언급한 것처럼 '애도'는 동시대의 징후적 개념어다. 삶의 원초적 형태로서의 공동체가 거의 완전히 훼손된 이 사회에 잔여적 형태로나마 남아있어야 할 타자에 대한 공감은 더 이상 없다. 포스트분단체제 이후의 악성 자본주의 행태를 상징적으로 함의하는 '소진된 인간'(들)의 개체적 삶은 그래서 항용 위태롭다. 시에서 미자는 소녀(희진)의 죽음을 내면화하기 시작한 후 그녀가 실천의 한 형식으로 택한 시짓기와, 동시에 육체의 승화를 위한 '사라짐'의 의식은 우리시대의 애도가 보여줄 수 있는 한 전형이 될 수 있다. 그런 면에서 그녀의 애도작업은 데리다가 말한 '본질적으로 타자를 상징적, 이상적으로 내면화하는 것, 곧 타자를 자아의 상징 구조 안으로 동일화하는 것'에 거의 일치한다. 반면 미자를 싸고 있는 다른 폭력의 가해자 가족(나쁜 공동체)이 행하는 애도는 "타자의 타자성을 제거한다는 의미에서 타자에 대한 심각한 (상징적) 폭력을 함

축하고" 있다. 데리다가 보기에 애도가 타자에 대한 존중, 타자에 대한 충실한 기억을 목표로 하는 이상, 정상적 애도는 실패한 애도, 불충실한 애도일 수밖에 없다. "자아 내부에 타자가 타자 그 자체로서 충실하게 보존되면 될수록 이 타자는 자아로부터 분리된 채 자아와 아무런 연관성 없이 존재하게 되며, 따라서 어떤 의미에서는 더 폭력적으로 타자는 자아와의 관계에서 배제되기" 때문이다. 이를 통해 말할 수 있는 것은 애도의 필연성, 그 불가능성이라는 역설, 이중구속이며, 이처럼 자아, 주체의 존재가 항상 이미 타자의 존재, 타자에 대한 애도를 전제한다면, 중요한 것은 타자의 타자성을 어떻게 존중할 것인 가의 문제, 레비나스가 말한 것처럼 이미지, 환영, 유령들이 점점 더 증식해가는 시대에 타자와 어떻게 정의로운 관계를 맺을 것인가의 문제로 수렴된다.

28   이창동, 〈시〉, 파인필름, 2:12:31.

29   Sergei Eisenstein, *Film Form*, Cleveland and New York, 1957, p.232.

30   Robert Richardson, *Literature and Film*, Indiana University Press, 1969, p.19.

31   안드레이 타르코프스키, 김창우 역, 『봉인된 시간』, 분도출판사, 1991, 150면.

32   Seymour Chatman, *Story and Discourse:Narrative Structure in Fiction and Film*, Cornell Univ Press, 1978, p.19.

33   이청준, 「벌레 이야기」, 『외국문학』 여름호, 1985, 96면.

34   이창동, 〈밀양〉, 『21세기문학』 38, 2007, 참고로 영화를 위한 대본에서는 감독이 의도한 영화의 공간적, 시간적 배경과 캐릭터들의 동선, 표정 등을 이미지보다 훨씬 더 다채롭게 읽어낼 수 있다.

35   이창동, 「원스 어픈 어 타임 인 코리아」, 『키노』, 2000.1, 188면. 그는 이와 관련하여 주목할 만한 서브텍스트를 제출하고 있다. "80년대 작품 활동을 하면서 계속 내가 글을 쓸 때 당위성으로 존재했던 것은 광주였다. 어떤 이야기를 쓰는지 광주의 부재에서 벗어날 수 없었다. 그런 점에서 보면 광주를 다루었는가, 다루지 않았는가는 부차적인 것이다. 80년대의 삶을 보고, 그 안에서 느끼고, 이야기를 할 때는 이미 광주가 내재되어 있기 때문에."

36   게오르그 루카치, 반성완 역, 『소설의 이론』, 심설당, 1985, 29면.

37   이창동, 「원스 어픈 어 타임 인 코리아」, 앞의 책.

38   Hans Meyerhoff, *Time in Literature*, Univ of California press Berkeley and Los Angeles, 1955, p.84.

39   Terry Eagleton, Marxism and Litery Critism(Berkeley and Angeles:Univ of California. 1970)
    pp.35~36.
40   콜린 크라우치, 이한 역, 『포스트 민주주의』, 미지북스, 2008, 12면.

각 장의 인용문

반성완 편역, 『발터 벤야민의 문에이론』, 민음사. 62~67면.
질 들뢰즈, 이정하 역, 『소진된 인간』, 문학과지성사, 2013, 23~24면.
샤를 보들레르, 윤영애 역, 『악의 꽃』, 문학과지성사, 1993, 161면.
Herman Melville, *Bartleby the Scrivener:a Story of Wall-Street*, Book Jungle, 2008.
자크 데리다, 진태원 역, 『법의 힘』, 문학과지성사, 2004, 43면.
부르스 핑크, 이성민 역, 『라캉의 주체』, b, 2010, 32면.
자크 랑시에르, 양창렬 역, 『정치적인 것의 가장자리에서』, 105~147면.

색인